Paul letters

# 온 가족 바울서신 따라쓰기

[로마서/고린도전·후서]

제 1 권

시작한 날 : 년 월 일

끝마친 날 : 년 월 일

❖ 왼쪽면을 따라쓰실 때 반을 접어서 쓰시면 훨씬 수월합니다.

1. 바울서신

바울은 길리기아 다소에서 태어났고 바리새인이며 가말리엘 문하에서 교육을 받았으며 헬라어에 능통한 유대인 중의 한 사람이다. 초대 교회의 박해자이며, 다메섹에서 개종하여 이방인의 사도로 부름을 받은 사람이다.(A.D 35)

2. 바울서신이란?

신약성서 27권 중 바울의 이름으로 기록된 것이 총 13권이다.

**이중 '바울'의 이름만으로 기록된 것은(6권)**

로마서, 갈라디아, 에베소서, 디모데전서, 디모데 후서, 디도서가 있으며

**'바울과 디모데' 두 사람의 이름으로 기록된 것은(4권)**

고린도 후서, 골로새서, 빌립보서, 빌레몬서이며

**'바울과 소스데네' 두 사람의 이름으로 기록된 것은 (1권)**

고린도 전서이다.

**'바울과 실루아노와 디모데' 세 사람의 이름으로 기록된 것은(2권)**

데살로니가 전서와 데살로니가 후서이다.

바울서신을 아래와 같이 구분해 볼 수 있다.

<table>
<tr><td>로마서, 고린도 전,후서, 갈라디아서</td><td rowspan="2">교리서신</td><td rowspan="2">6권</td></tr>
<tr><td>데살로니가 전,후서</td></tr>
<tr><td>에베소서, 빌립보서, 골로새서, 빌레몬서</td><td>옥중서신</td><td>4권</td></tr>
<tr><td>디모데전,후서 디도서</td><td>목회서신</td><td>3권</td></tr>
</table>

3. 바울 서신의 연대적 순서 (※견해에 따라 저작 연대와 순서가 차이가 있음)

<table>
<tr><td>1</td><td>갈라디아서</td><td>A.D 49년</td><td>수리아 안디옥</td><td>1차전도여행 후</td></tr>
<tr><td>2</td><td>데살로니가전서</td><td rowspan="2">52년</td><td rowspan="2">고린도</td><td rowspan="2">2차전도여행 중</td></tr>
<tr><td>3</td><td>데살로니가후서</td></tr>
<tr><td>4</td><td>고린도전서</td><td>55년</td><td>에베소</td><td rowspan="3">3차전도여행 중</td></tr>
<tr><td>5</td><td>고린도후서</td><td>56년</td><td>마게도냐</td></tr>
<tr><td>6</td><td>로마서</td><td>57년</td><td>고린도</td></tr>
<tr><td>7</td><td>골로새서</td><td rowspan="3">61년경</td><td rowspan="4">로마옥중</td><td rowspan="4">1차투옥 중</td></tr>
<tr><td>8</td><td>빌레몬서</td></tr>
<tr><td>9</td><td>에베소서</td></tr>
<tr><td>10</td><td>빌립보서</td><td>62년경</td></tr>
<tr><td>11</td><td>디모데전서</td><td>63년</td><td>마게도냐</td><td>1차 석방</td></tr>
<tr><td>12</td><td>디도서</td><td>66년</td><td>니고볼리</td><td rowspan="2">2차투옥 중</td></tr>
<tr><td>13</td><td>디모데후서</td><td>67년</td><td>로마옥중</td></tr>
</table>

4. 바울 서신의 형식

당시에 헬라에서 통용되던 편지의 형식에 준하여 기록되었다.

(1) 서두(발신자, 수신자, 인사)

(2) 감사 혹은 축복

(3) 교리적 내용

(4) 실천적 내용

(5) 결론(문안 인사, 마지막 축도)

5. 바울 서신의 성격

바울의 문서들은 거의 모두가 실제적 상황 속에서 구체적인 목적을 갖고 기록된 서신들이다. 즉 특수한 교회와 특정한 사람들을 염두에 두고 쓴 글이다.

6. 각 권의 기록 목적

**◈ 로마서**

로마서의 핵심어는 "죄"와 "구원"과 "믿음"이다. 사도 바울은 우리가 범죄 한 결과로 하나님과의 관계가 파괴되었고 오직 예수 그리스도를 통해서만 구원에 이를 수 있다는 이신칭의를 말하고 있으며 예수 그리스도를 통하여 우리에게 주신 하나님의 사람이 무엇인지를 알 수 있도록 쓰였다.

기록장소 : 고린도

**◈ 고린도전서**

글로에 집 사람들과(1:11) 스데바나, 브드나도, 아가이고(16:17)를 통해 알게 된 고린도 교회의 분쟁과 근친상간, 성도 간의 소송, 음행, 결혼과 독신 문제, 우상 제물의 문제, 공예배 질서, 은사, 부활 등 교회를 어지럽혔던 여러 가지 문제들을 서신을 통해 해결하고자 쓰였다.

기록 장소 : 에베소

**◈ 고린도후서**

바울에 대해 사도직을 의심하며 불평을 하는 사람들에게 복음을 위해 자신이 당했던 수많은 고난을 통하여 자신의 사도직에 대한 변증과 예루살렘 교회의 가난한 성도들을 위한 모금을 목적으로 하고 있다.

기록장소 : 마게도냐의 빌립보

년 월 일 요일

# 로마서

(1-16장)

## 1

### [인사]

1 예수 그리스도의 종 바울은 사도로 부
르심을 받아 하나님의 복음을 위하여 택정함
을 입었으니
2 이 복음은 하나님이 선지자들을 통하여 그의
아들에 관하여 성경에 미리 약속하신 것이라
3 그의 아들에 관하여 말하면 육신으로는 다윗
의 혈통에서 나셨고
4 성결의 영으로는 죽은 자들 가운데서 부활하
사 능력으로 하나님의 아들로 선포되셨으니
곧 우리 주 예수 그리스도시니라
5 그로 말미암아 우리가 은혜와 사도의 직분을
받아 그의 이름을 위하여 모든 이방인 중에서
믿어 순종하게 하나니
6 너희도 그들 중에서 예수 그리스도의 것으로



택정(롬 1:1) : 여럿 가운데서 골라서 정함 단어풀이

부르심을 받은 자니라
7 로마에서 하나님의 사랑하심을 받고 성도로
부르심을 받은 모든 자에게 하나님 우리 아버
지와 주 예수 그리스도로부터 은혜와 평강이
있기를 원하노라

**[바울의 로마 방문 계획]**

8 먼저 내가 예수 그리스도로 말미암아 너희 모
든 사람에 관하여 내 하나님께 감사함은 너희
믿음이 온 세상에 전파됨이로다
9 내가 그의 아들의 복음 안에서 내 심령으로
섬기는 하나님이 나의 증인이 되시거니와 항
상 내 기도에 쉬지 않고 너희를 말하며
10 어떻게 하든지 이제 하나님의 뜻 안에서 너희
에게로 나아갈 좋은 길 얻기를 구하노라
11 내가 너희 보기를 간절히 원하는 것은 어떤
신령한 은사를 너희에게 나누어 주어 너희를
견고하게 하려 함이니

단어풀이 심령(롬 1:9) : 정신의 근원이 되는 의식의 본바탕

12 이는 곧 내가 너희 가운데서 너희와 나의 믿음
으로 말미암아 피차 안위함을 얻으려 함이라
13 형제들아 내가 여러 번 너희에게 가고자 한 것
을 너희가 모르기를 원하지 아니하노니 이는
너희 중에서도 다른 이방인 중에서와 같이 열
매를 맺게 하려 함이로되 지금까지 길이 막혔
도다
14 헬라인이나 야만인이나 지혜 있는 자나 어리
석은 자에게 다 내가 빚진 자라
15 그러므로 나는 할 수 있는 대로 로마에 있는
너희에게도 복음 전하기를 원하노라
16 내가 복음을 부끄러워하지 아니하노니 이 복
음은 모든 믿는 자에게 구원을 주시는 하나님
의 능력이 됨이라 먼저는 유대인에게요 그리
고 헬라인에게로다
17 복음에는 하나님의 의가 나타나서 믿음으로
믿음에 이르게 하나니 기록된 바 오직 의인은

안위(롬 1:12) : 편안함과 위태함을 아울러 이르는 말 단어풀이

믿음으로 말미암아 살리라 함과 같으니라

**[모든 경건하지 않음과 불의]**

18 하나님의 진노가 불의로 진리를 막는 사람들
의 모든 경건하지 않음과 불의에 대하여 하늘
로부터 나타나나니
19 이는 하나님을 알 만한 것이 그들 속에 보임이
라 하나님께서 이를 그들에게 보이셨느니라
20 창세로부터 그의 보이지 아니하는 것들 곧 그
의 영원하신 능력과 신성이 그가 만드신 만물
에 분명히 보여 알려졌나니 그러므로 그들이
핑계하지 못할지니라
21 하나님을 알되 하나님을 영화롭게도 아니하
며 감사하지도 아니하고 오히려 그 생각이 허
망하여지며 미련한 마음이 어두워졌나니
22 스스로 지혜 있다 하나 어리석게 되어
23 썩어지지 아니하는 하나님의 영광을 썩어질
사람과 새와 짐승과 기어다니는 동물 모양의

단어풀이 허망(롬 1:21) : 보람이 없고 허무함

우상으로 바꾸었느니라
24 그러므로 하나님께서 그들을 마음의 정욕대
로 더러움에 내버려 두사 그들의 몸을 서로 욕
되게 하게 하셨으니
25 이는 그들이 하나님의 진리를 거짓 것으로 바
꾸어 피조물을 조물주보다 더 경배하고 섬김
이라 주는 곧 영원히 찬송할 이시로다 아멘
26 이 때문에 하나님께서 그들을 부끄러운 욕심
에 내버려 두셨으니 곧 그들의 여자들도 순리
대로 쓸 것을 바꾸어 역리로 쓰며
27 그와 같이 남자들도 순리대로 여자 쓰기를 버
리고 서로 향하여 음욕이 불 일듯 하매 남자
가 남자와 더불어 부끄러운 일을 행하여 그들
의 그릇됨에 상당한 보응을 그들 자신이 받았
느니라
28 또한 그들이 마음에 하나님 두기를 싫어하매
하나님께서 그들을 그 상실한 마음대로 내버



역리(롬 1:26) : 살아가는 이치를 거스름 단어풀이

려 두사 합당하지 못한 일을 하게 하셨으니
29 곧 모든 불의, 추악, 탐욕, 악의가 가득한 자
요 시기, 살인, 분쟁, 사기, 악독이 가득한 자
요 수군수군하는 자요
30 비방하는 자요 하나님께서 미워하시는 자요
능욕하는 자요 교만한 자요 자랑하는 자요 악
을 도모하는 자요 부모를 거역하는 자요
31 우매한 자요 배약하는 자요 무정한 자요 무자
비한 자라
32 그들이 이같은 일을 행하는 자는 사형에 해당
한다고 하나님께서 정하심을 알고도 자기들
만 행할 뿐 아니라 또한 그런 일을 행하는 자
들을 옳다 하느니라

2

**[하나님의 심판]**

1 그러므로 남을 판단하는 사람아, 누구
를 막론하고 네가 핑계하지 못할 것은 남을

단어풀이 능욕(롬 1:30) : 업신여겨 욕되게 함 | 배약(롬 1:31) : 약속을 저버림

년 월 일 요일

판단하는 것으로 네가 너를 정죄함이니 판단
하는 네가 같은 일을 행함이니라
2 이런 일을 행하는 자에게 하나님의 심판이 진
리대로 되는 줄 우리가 아노라
3 이런 일을 행하는 자를 판단하고도 같은 일을
행하는 사람아, 네가 하나님의 심판을 피할 줄
로 생각하느냐
4 혹 네가 하나님의 인자하심이 너를 인도하여
회개하게 하심을 알지 못하여 그의 인자하심
과 용납하심과 길이 참으심이 풍성함을 멸시
하느냐
5 다만 네 고집과 회개하지 아니한 마음을 따라
진노의 날 곧 하나님의 의로우신 심판이 나타
나는 그 날에 임할 진노를 네게 쌓는도다
6 하나님께서 각 사람에게 그 행한 대로 보응하
시되
7 참고 선을 행하여 영광과 존귀와 썩지 아니함



보응(롬 2:6) : 선과 악이 그 원인과 결과에 따라 되갚음을 받음 단어풀이

을 구하는 자에게는 영생으로 하시고
8 오직 당을 지어 진리를 따르지 아니하고 불의
를 따르는 자에게는 진노와 분노로 하시리라
9 악을 행하는 각 사람의 영에는 환난과 곤고가
있으리니 먼저는 유대인에게요 그리고 헬라
인에게며
10 선을 행하는 각 사람에게는 영광과 존귀와 평
강이 있으리니 먼저는 유대인에게요 그리고
헬라인에게라
11 이는 하나님께서 외모로 사람을 취하지 아니
하심이라
12 무릇 율법 없이 범죄한 자는 또한 율법 없이
망하고 무릇 율법이 있고 범죄한 자는 율법으
로 말미암아 심판을 받으리라
13 하나님 앞에서는 율법을 듣는 자가 의인이 아
니요 오직 율법을 행하는 자라야 의롭다 하심
을 얻으리니

곤고(롬 2:9) : 어렵고 고생스러움

14 (율법 없는 이방인이 본성으로 율법의 일을
행할 때에는 이 사람은 율법이 없어도 자기가
자기에게 율법이 되나니
15 이런 이들은 그 양심이 증거가 되어 그 생각들
이 서로 혹은 고발하며 혹은 변명하여 그 마음
에 새긴 율법의 행위를 나타내느니라)
16 곧 나의 복음에 이른 바와 같이 하나님이 예
수 그리스도로 말미암아 사람들의 은밀한 것
을 심판하시는 그 날이라

**[유대인과 율법]**

17 유대인이라 불리는 네가 율법을 의지하며 하
나님을 자랑하며
18 율법의 교훈을 받아 하나님의 뜻을 알고 지극
히 선한 것을 분간하며
19 맹인의 길을 인도하는 자요 어둠에 있는 자의
빛이요
20 율법에 있는 지식과 진리의 모본을 가진 자로



본성(롬 2:14) : 사람이 본래 가지고 태어난 성질 단어

서 어리석은 자의 교사요 어린 아이의 선생이
라고 스스로 믿으니
21 그러면 다른 사람을 가르치는 네가 네 자신은
가르치지 아니하느냐 도둑질하지 말라 선포
하는 네가 도둑질하느냐
22 간음하지 말라 말하는 네가 간음하느냐 우상
을 가증히 여기는 네가 신전 물건을 도둑질하
느냐
23 율법을 자랑하는 네가 율법을 범함으로 하나
님을 욕되게 하느냐
24 기록된 바와 같이 하나님의 이름이 너희 때문
에 이방인 중에서 모독을 받는도다
25 네가 율법을 행하면 할례가 유익하나 만일 율
법을 범하면 네 할례는 무할례가 되느니라
26 그런즉 무할례자가 율법의 규례를 지키면 그
무할례를 할례와 같이 여길 것이 아니냐
27 또한 본래 무할례자가 율법을 온전히 지키면

단어풀이 신전(롬 2:22) : 신을 모신 큰 건물

율법 조문과 할례를 가지고 율법을 범하는 너
를 정죄하지 아니하겠느냐
28 무릇 표면적 유대인이 유대인이 아니요 표면
적 육신의 할례가 할례가 아니니라
29 오직 이면적 유대인이 유대인이며 할례는 마
음에 할지니 영에 있고 율법 조문에 있지 아니
한 것이라 그 칭찬이 사람에게서가 아니요 다
만 하나님에게서니라

3

1 그런즉 유대인의 나음이 무엇이며 할
례의 유익이 무엇이냐
2 범사에 많으니 우선은 그들이 하나님의 말씀
을 맡았음이니라
3 어떤 자들이 믿지 아니하였으면 어찌하리요 그
믿지 아니함이 하나님의 미쁘심을 폐하겠느냐
4 그럴 수 없느니라 사람은 다 거짓되되 오직 하
나님은 참되시다 할지어다 기록된 바 주께서



미쁘심(롬 3:3) : 신실하신 믿음성 단어풀이

주의 말씀에 의롭다 함을 얻으시고 판단 받으
실 때에 이기려 하심이라 함과 같으니라
5 그러나 우리 불의가 하나님의 의를 드러나게
하면 무슨 말 하리요 [내가 사람의 말하는 대
로 말하노니] 진노를 내리시는 하나님이 불의
하시냐
6 결코 그렇지 아니하니라 만일 그러하면 하나
님께서 어찌 세상을 심판하시리요
7 그러나 나의 거짓말로 하나님의 참되심이 더
풍성하여 그의 영광이 되었다면 어찌 내가 죄
인처럼 심판을 받으리요
8 또는 그러면 선을 이루기 위하여 악을 행하자
하지 않겠느냐 어떤 이들이 이렇게 비방하여
우리가 이런 말을 한다고 하니 그들은 정죄
받는 것이 마땅하니라

**[다 죄 아래에 있다]**

9 그러면 어떠하냐 우리는 나으냐 결코 아니라

단어풀이 정죄(롬 3:8) : 죄가 있다고 단정함

유대인이나 헬라인이나 다 죄 아래에 있다고
우리가 이미 선언하였느니라
10 기록된 바 의인은 없나니 하나도 없으며
11 깨닫는 자도 없고 하나님을 찾는 자도 없고
12 다 치우쳐 함께 무익하게 되고 선을 행하는 자
는 없나니 하나도 없도다
13 그들의 목구멍은 열린 무덤이요 그 혀로는 속
임을 일삼으며 그 입술에는 독사의 독이 있고
14 그 입에는 저주와 악독이 가득하고
15 그 발은 피 흘리는 데 빠른지라
16 파멸과 고생이 그 길에 있어
17 평강의 길을 알지 못하였고
18 그들의 눈 앞에 하나님을 두려워함이 없느니
라 함과 같으니라

**[하나님의 의]**

19 우리가 알거니와 무릇 율법이 말하는 바는 율
법 아래에 있는 자들에게 말하는 것이니 이는



무익(롬 3:12) : 이롭거나 도움이 되지 못함 단어풀이

년 월 일 요일

모든 입을 막고 온 세상으로 하나님의 심판
아래에 있게 하려 함이라
20 그러므로 율법의 행위로 그의 앞에 의롭다 하
심을 얻을 육체가 없나니 율법으로는 죄를 깨
달음이니라
21 이제는 율법 외에 하나님의 한 의가 나타났으
니 율법과 선지자들에게 증거를 받은 것이라
22 곧 예수 그리스도를 믿음으로 말미암아 모든
믿는 자에게 미치는 하나님의 의니 차별이 없
느니라
23 모든 사람이 죄를 범하였으매 하나님의 영광
에 이르지 못하더니
24 그리스도 예수 안에 있는 속량으로 말미암아
하나님의 은혜로 값 없이 의롭다 하심을 얻은
자 되었느니라
25 이 예수를 하나님이 그의 피로써 믿음으로 말
미암는 화목제물로 세우셨으니 이는 하나님

단어풀이 속량(롬 3:24) : 예수님이 인류의 죄를 대신 짊어지고 구원해 주심

께서 길이 참으시는 중에 전에 지은 죄를 간
과하심으로 자기의 의로우심을 나타내려 하
심이니
26 곧 이 때에 자기의 의로우심을 나타내사 자기
도 의로우시며 또한 예수 믿는 자를 의롭다 하
려 하심이라
27 그런즉 자랑할 데가 어디냐 있을 수가 없느니
라 무슨 법으로냐 행위로냐 아니라 오직 믿음
의 법으로니라
28 그러므로 사람이 의롭다 하심을 얻는 것은 율
법의 행위에 있지 않고 믿음으로 되는 줄 우리
가 인정하노라
29 하나님은 다만 유대인의 하나님이시냐 또한
이방인의 하나님은 아니시냐 진실로 이방인
의 하나님도 되시느니라
30 할례자도 믿음으로 말미암아 또한 무할례자
도 믿음으로 말미암아 의롭다 하실 하나님은



간과(롬 3:25) : 대수롭지 않게 대강 보아 넘김 단어풀이

한 분이시니라
31 그런즉 우리가 믿음으로 말미암아 율법을 파
기하느냐 그럴 수 없느니라 도리어 율법을 굳
게 세우느니라

# 4

**[아브라함의 믿음과 그로 말미암은 언약]**

1 그런즉 육신으로 우리 조상인 아브라
함이 무엇을 얻었다 하리요
2 만일 아브라함이 행위로써 의롭다 하심을 받
았으면 자랑할 것이 있으려니와 하나님 앞에
서는 없느니라
3 성경이 무엇을 말하느냐 아브라함이 하나님
을 믿으매 그것이 그에게 의로 여겨진 바 되
었느니라
4 일하는 자에게는 그 삯이 은혜로 여겨지지 아
니하고 보수로 여겨지거니와
5 일을 아니할지라도 경건하지 아니한 자를 의

단어풀이 파기(롬 3:31) : 깨뜨려 버림 I 보수(롬 4:4) : 일한 대가로 주는 돈이나 물품

년 월 일 요일

롭다 하시는 이를 믿는 자에게는 그의 믿음을
의로 여기시나니
6 일한 것이 없이 하나님께 의로 여기심을 받는
사람의 복에 대하여 다윗이 말한 바
7 불법이 사함을 받고 죄가 가리어짐을 받는 사
람들은 복이 있고
8 주께서 그 죄를 인정하지 아니하실 사람은 복
이 있도다 함과 같으니라
9 그런즉 이 복이 할례자에게냐 혹은 무할례자
에게도냐 무릇 우리가 말하기를 아브라함에
게는 그 믿음이 의로 여겨졌다 하노라
10 그런즉 그것이 어떻게 여겨졌느냐 할례시냐
무할례시냐 할례시가 아니요 무할례시니라
11 그가 할례의 표를 받은 것은 무할례시에 믿음
으로 된 의를 인친 것이니 이는 무할례자로서
믿는 모든 자의 조상이 되어 그들도 의로 여기
심을 얻게 하려 하심이라



불법(롬 4:7) : 법에 어긋남 단어풀이

년 월 일 요일

12 또한 할례자의 조상이 되었나니 곧 할례 받을
자에게뿐 아니라 우리 조상 아브라함이 무할
례시에 가졌던 믿음의 자취를 따르는 자들에
게도 그러하니라
13 아브라함이나 그 후손에게 세상의 상속자가 되
리라고 하신 언약은 율법으로 말미암은 것이
아니요 오직 믿음의 의로 말미암은 것이니라
14 만일 율법에 속한 자들이 상속자이면 믿음은
헛것이 되고 약속은 파기되었느니라
15 율법은 진노를 이루게 하나니 율법이 없는 곳
에는 범법도 없느니라
16 그러므로 상속자가 되는 그것이 은혜에 속하
기 위하여 믿음으로 되나니 이는 그 약속을
그 모든 후손에게 굳게 하려 하심이라 율법에
속한 자에게뿐만 아니라 아브라함의 믿음에
속한 자에게도 그러하니 아브라함은 우리 모
든 사람의 조상이라

단어풀이 자취(롬 4:12) : 남기고 간 흔적 | 범법(롬 4:15) : 법을 어김

17 기록된 바 내가 너를 많은 민족의 조상으로 세
웠다 하심과 같으니 그가 믿은 바 하나님은 죽
은 자를 살리시며 없는 것을 있는 것으로 부르
시는 이시니라
18 아브라함이 바랄 수 없는 중에 바라고 믿었으
니 이는 네 후손이 이같으리라 하신 말씀대로
많은 민족의 조상이 되게 하려 하심이라
19 그가 백 세나 되어 자기 몸이 죽은 것 같고 사
라의 태가 죽은 것 같음을 알고도 믿음이 약하
여지지 아니하고
20 믿음이 없어 하나님의 약속을 의심하지 않고
믿음으로 견고하여져서 하나님께 영광을 돌
리며
21 약속하신 그것을 또한 능히 이루실 줄을 확신
하였으니
22 그러므로 그것이 그에게 의로 여겨졌느니라
23 그에게 의로 여겨졌다 기록된 것은 아브라함

만 위한 것이 아니요
24 의로 여기심을 받을 우리도 위함이니 곧 예수
우리 주를 죽은 자 가운데서 살리신 이를 믿
는 자니라
25 예수는 우리가 범죄한 것 때문에 내줌이 되고
또한 우리를 의롭다 하시기 위하여 살아나셨
느니라

# 5

### [의롭다 하심을 받은 사람의 삶]

1 그러므로 우리가 믿음으로 의롭다 하
심을 받았으니 우리 주 예수 그리스도로 말미
암아 하나님과 화평을 누리자
2 또한 그로 말미암아 우리가 믿음으로 서 있는
이 은혜에 들어감을 얻었으며 하나님의 영광
을 바라고 즐거워하느니라
3 다만 이뿐 아니라 우리가 환난 중에도 즐거워
하나니 이는 환난은 인내를,

년 월 일 요일

4 인내는 연단을, 연단은 소망을 이루는 줄 앎
이로다
5 소망이 우리를 부끄럽게 하지 아니함은 우리
에게 주신 성령으로 말미암아 하나님의 사랑
이 우리 마음에 부은 바 됨이니
6 우리가 아직 연약할 때에 기약대로 그리스도
께서 경건하지 않은 자를 위하여 죽으셨도다
7 의인을 위하여 죽는 자가 쉽지 않고 선인을 위
하여 용감히 죽는 자가 혹 있거니와
8 우리가 아직 죄인 되었을 때에 그리스도께서
우리를 위하여 죽으심으로 하나님께서 우리
에 대한 자기의 사랑을 확증하셨느니라
9 그러면 이제 우리가 그의 피로 말미암아 의롭
다 하심을 받았으니 더욱 그로 말미암아 진노
하심에서 구원을 받을 것이니
10 곧 우리가 원수 되었을 때에 그의 아들의 죽으
심으로 말미암아 하나님과 화목하게 되었은



기약(롬 5:6) : 이미 해 놓은 약속 단어풀이

즉 화목하게 된 자로서는 더욱 그의 살아나심
으로 말미암아 구원을 받을 것이니라
11 그뿐 아니라 이제 우리로 화목하게 하신 우리
주 예수 그리스도로 말미암아 하나님 안에서
또한 즐거워하느니라

[아담과 그리스도]

12 그러므로 한 사람으로 말미암아 죄가 세상에
들어오고 죄로 말미암아 사망이 들어왔나니
이와 같이 모든 사람이 죄를 지었으므로 사망
이 모든 사람에게 이르렀느니라
13 죄가 율법 있기 전에도 세상에 있었으나 율법
이 없었을 때에는 죄를 죄로 여기지 아니하였
느니라
14 그러나 아담으로부터 모세까지 아담의 범죄
와 같은 죄를 짓지 아니한 자들까지도 사망이
왕 노릇 하였나니 아담은 오실 자의 모형이라
15 그러나 이 은사는 그 범죄와 같지 아니하니

곧 한 사람의 범죄를 인하여 많은 사람이 죽었
은즉 더욱 하나님의 은혜와 또한 한 사람 예수
그리스도의 은혜로 말미암은 선물은 많은 사
람에게 넘쳤느니라
16 또 이 선물은 범죄한 한 사람으로 말미암은 것
과 같지 아니하니 심판은 한 사람으로 말미암
아 정죄에 이르렀으나 은사는 많은 범죄로 말
미암아 의롭다 하심에 이름이니라
17 한 사람의 범죄로 말미암아 사망이 그 한 사람
을 통하여 왕 노릇 하였은즉 더욱 은혜와 의의
선물을 넘치게 받는 자들은 한 분 예수 그리스
도를 통하여 생명 안에서 왕 노릇 하리로다
18 그런즉 한 범죄로 많은 사람이 정죄에 이른 것
같이 한 의로운 행위로 말미암아 많은 사람이
의롭다 하심을 받아 생명에 이르렀느니라
19 한 사람이 순종하지 아니함으로 많은 사람이
죄인 된 것 같이 한 사람이 순종하심으로 많은

사람이 의인이 되리라
20 율법이 들어온 것은 범죄를 더하게 하려 함이라
그러나 죄가 더한 곳에 은혜가 더욱 넘쳤나니
21 이는 죄가 사망 안에서 왕 노릇 한 것 같이 은
혜도 또한 의로 말미암아 왕 노릇 하여 우리
주 예수 그리스도로 말미암아 영생에 이르게
하려 함이라

6

[그리스도와 함께 죽고 함께 산다]

1 그런즉 우리가 무슨 말을 하리요 은혜
를 더하게 하려고 죄에 거하겠느냐
2 그럴 수 없느니라 죄에 대하여 죽은 우리가
어찌 그 가운데 더 살리요
3 무릇 그리스도 예수와 합하여 세례를 받은 우
리는 그의 죽으심과 합하여 세례를 받은 줄을
알지 못하느냐
4 그러므로 우리가 그의 죽으심과 합하여 세례

를 받음으로 그와 함께 장사되었나니 이는 아
버지의 영광으로 말미암아 그리스도를 죽은
자 가운데서 살리심과 같이 우리로 또한 새 생
명 가운데서 행하게 하려 함이라
5 만일 우리가 그의 죽으심과 같은 모양으로 연
합한 자가 되었으면 또한 그의 부활과 같은 모
양으로 연합한 자도 되리라
6 우리가 알거니와 우리의 옛 사람이 예수와 함께
십자가에 못 박힌 것은 죄의 몸이 죽어 다시는
우리가 죄에게 종 노릇 하지 아니하려 함이니
7 이는 죽은 자가 죄에서 벗어나 의롭다 하심을
얻었음이라
8 만일 우리가 그리스도와 함께 죽었으면 또한
그와 함께 살 줄을 믿노니
9 이는 그리스도께서 죽은 자 가운데서 살아나
셨으매 다시 죽지 아니하시고 사망이 다시 그
를 주장하지 못할 줄을 앎이로라



주장(롬 6:9) : 권리를 굳게 내세움 단어풀이

10 그가 죽으심은 죄에 대하여 단번에 죽으심이
요 그가 살아 계심은 하나님께 대하여 살아
계심이니
11 이와 같이 너희도 너희 자신을 죄에 대하여는
죽은 자요 그리스도 예수 안에서 하나님께 대
하여는 살아 있는 자로 여길지어다
12 그러므로 너희는 죄가 너희 죽을 몸을 지배하
지 못하게 하여 몸의 사욕에 순종하지 말고
13 또한 너희 지체를 불의의 무기로 죄에게 내주
지 말고 오직 너희 자신을 죽은 자 가운데서
다시 살아난 자 같이 하나님께 드리며 너희
지체를 의의 무기로 하나님께 드리라
14 죄가 너희를 주장하지 못하리니 이는 너희가 법
아래에 있지 아니하고 은혜 아래에 있음이라

[의의 종]

15 그런즉 어찌하리요 우리가 법 아래에 있지 아
니하고 은혜 아래에 있으니 죄를 지으리요 그

6:12) : 자기 자신의 개인적인 이익만을 꾀하는 욕심

럴 수 없느니라
16 너희 자신을 종으로 내주어 누구에게 순종하
든지 그 순종함을 받는 자의 종이 되는 줄을 너
희가 알지 못하느냐 혹은 죄의 종으로 사망에
이르고 혹은 순종의 종으로 의에 이르느니라
17 하나님께 감사하리로다 너희가 본래 죄의 종
이더니 너희에게 전하여 준 바 교훈의 본을 마
음으로 순종하여
18 죄로부터 해방되어 의에게 종이 되었느니라
19 너희 육신이 연약하므로 내가 사람의 예대로 말
하노니 전에 너희가 너희 지체를 부정과 불법에
내주어 불법에 이른 것 같이 이제는 너희 지체
를 의에게 종으로 내주어 거룩함에 이르라
20 너희가 죄의 종이 되었을 때에는 의에 대하여
자유로웠느니라
21 너희가 그 때에 무슨 열매를 얻었느냐 이제는
너희가 그 일을 부끄러워하나니 이는 그 마지



지체(롬 6:19) : 팔다리와 몸 전체를 이르는 말

막이 사망임이라
22 그러나 이제는 너희가 죄로부터 해방되고 하
나님께 종이 되어 거룩함에 이르는 열매를 맺
었으니 그 마지막은 영생이라
23 죄의 삯은 사망이요 하나님의 은사는 그리스
도 예수 우리 주 안에 있는 영생이니라

# 7

### [혼인 관계로 비유한 율법과 죄]

1 형제들아 내가 법 아는 자들에게 말하
노니 너희는 그 법이 사람이 살 동안만 그를
주관하는 줄 알지 못하느냐
2 남편 있는 여인이 그 남편 생전에는 법으로
그에게 매인 바 되나 만일 그 남편이 죽으면
남편의 법에서 벗어나느니라
3 그러므로 만일 그 남편 생전에 다른 남자에게
가면 음녀라 그러나 만일 남편이 죽으면 그
법에서 자유롭게 되나니 다른 남자에게 갈지

단어풀이 주관(롬 7:1) : 어떤 일을 책임을 지고 맡아 관리함

라도 음녀가 되지 아니하느니라
4 그러므로 내 형제들아 너희도 그리스도의 몸
으로 말미암아 율법에 대하여 죽임을 당하였
으니 이는 다른 이 곧 죽은 자 가운데서 살아
나신 이에게 가서 우리가 하나님을 위하여 열
매를 맺게 하려 함이라
5 우리가 육신에 있을 때에는 율법으로 말미암
는 죄의 정욕이 우리 지체 중에 역사하여 우리
로 사망을 위하여 열매를 맺게 하였더니
6 이제는 우리가 얽매였던 것에 대하여 죽었으
므로 율법에서 벗어났으니 이러므로 우리가
영의 새로운 것으로 섬길 것이요 율법 조문의
묵은 것으로 아니할지니라
7 그런즉 우리가 무슨 말을 하리요 율법이 죄냐
그럴 수 없느니라 율법으로 말미암지 않고는
내가 죄를 알지 못하였으니 곧 율법이 탐내지
말라 하지 아니하였더라면 내가 탐심을 알지



탐심(롬 7:7) : 탐욕스러움 마음 단어풀이

못하였으리라
8 그러나 죄가 기회를 타서 계명으로 말미암아
내 속에서 온갖 탐심을 이루었나니 이는 율법
이 없으면 죄가 죽은 것임이라
9 전에 율법을 깨닫지 못했을 때에는 내가 살았
더니 계명이 이르매 죄는 살아나고 나는 죽었
도다
10 생명에 이르게 할 그 계명이 내게 대하여 도
리어 사망에 이르게 하는 것이 되었도다
11 죄가 기회를 타서 계명으로 말미암아 나를 속
이고 그것으로 나를 죽였는지라
12 이로 보건대 율법은 거룩하고 계명도 거룩하
고 의로우며 선하도다
13 그런즉 선한 것이 내게 사망이 되었느냐 그럴
수 없느니라 오직 죄가 죄로 드러나기 위하여
선한 그것으로 말미암아 나를 죽게 만들었으
니 이는 계명으로 말미암아 죄로 심히 죄 되

게 하려 함이라
14 우리가 율법은 신령한 줄 알거니와 나는 육신
에 속하여 죄 아래에 팔렸도다
15 내가 행하는 것을 내가 알지 못하노니 곧 내가
원하는 것은 행하지 아니하고 도리어 미워하
는 것을 행함이라
16 만일 내가 원하지 아니하는 그것을 행하면 내
가 이로써 율법이 선한 것을 시인하노니
17 이제는 그것을 행하는 자가 내가 아니요 내 속
에 거하는 죄니라
18 내 속 곧 내 육신에 선한 것이 거하지 아니하
는 줄을 아노니 원함은 내게 있으나 선을 행하
는 것은 없노라
19 내가 원하는 바 선은 행하지 아니하고 도리어
원하지 아니하는 바 악을 행하는도다
20 만일 내가 원하지 아니하는 그것을 하면 이를 행
하는 자는 내가 아니요 내 속에 거하는 죄니라



시인(롬 7:16) : 어떤 사실이 옳거나 그러하다고 인정함 단어풀이

21 그러므로 내가 한 법을 깨달았노니 곧 선을 행
하기 원하는 나에게 악이 함께 있는 것이로다
22 내 속사람으로는 하나님의 법을 즐거워하되
23 내 지체 속에서 한 다른 법이 내 마음의 법과
싸워 내 지체 속에 있는 죄의 법으로 나를 사
로잡는 것을 보는도다
24 오호라 나는 곤고한 사람이로다 이 사망의 몸
에서 누가 나를 건져내랴
25 우리 주 예수 그리스도로 말미암아 하나님께
감사하리로다 그런즉 내 자신이 마음으로는 하
나님의 법을 육신으로는 죄의 법을 섬기노라

# 8

**[생명의 성령의 법]**

1 그러므로 이제 그리스도 예수 안에 있
는 자에게는 결코 정죄함이 없나니
2 이는 그리스도 예수 안에 있는 생명의 성령의 법
이 죄와 사망의 법에서 너를 해방하였음이라

단어풀이 곤고한(롬 7:24) : 여렵고 고생스러운

년 월 일 요일

3 율법이 육신으로 말미암아 연약하여 할 수 없
는 그것을 하나님은 하시나니 곧 죄로 말미암
아 자기 아들을 죄 있는 육신의 모양으로 보내
어 육신에 죄를 정하사
4 육신을 따르지 않고 그 영을 따라 행하는 우
리에게 율법의 요구가 이루어지게 하려 하심
이니라
5 육신을 따르는 자는 육신의 일을, 영을 따르는
자는 영의 일을 생각하나니
6 육신의 생각은 사망이요 영의 생각은 생명과
평안이니라
7 육신의 생각은 하나님과 원수가 되나니 이는
하나님의 법에 굴복하지 아니할 뿐 아니라 할
수도 없음이라
8 육신에 있는 자들은 하나님을 기쁘시게 할 수
없느니라
9 만일 너희 속에 하나님의 영이 거하시면 너희



연약(롬 8:3) : 부드럽고 약함 단어풀이

가 육신에 있지 아니하고 영에 있나니 누구든
지 그리스도의 영이 없으면 그리스도의 사람
이 아니라
10 또 그리스도께서 너희 안에 계시면 몸은 죄로
말미암아 죽은 것이나 영은 의로 말미암아 살
아 있는 것이니라
11 예수를 죽은 자 가운데서 살리신 이의 영이 너
희 안에 거하시면 그리스도 예수를 죽은 자 가
운데서 살리신 이가 너희 안에 거하시는 그의
영으로 말미암아 너희 죽을 몸도 살리시리라
12 그러므로 형제들아 우리가 빚진 자로되 육신
에게 져서 육신대로 살 것이 아니니라
13 너희가 육신대로 살면 반드시 죽을 것이로되
영으로써 몸의 행실을 죽이면 살리니
14 무릇 하나님의 영으로 인도함을 받는 사람은
곧 하나님의 아들이라
15 너희는 다시 무서워하는 종의 영을 받지 아니

년 월 일 요일

하고 양자의 영을 받았으므로 우리가 아빠 아
버지라고 부르짖느니라
16 성령이 친히 우리의 영과 더불어 우리가 하나
님의 자녀인 것을 증언하시나니
17 자녀이면 또한 상속자 곧 하나님의 상속자요
그리스도와 함께 한 상속자니 우리가 그와 함
께 영광을 받기 위하여 고난도 함께 받아야 할
것이니라

[모든 피조물이 구원을 고대하다]

18 생각하건대 현재의 고난은 장차 우리에게 나
타날 영광과 비교할 수 없도다
19 피조물이 고대하는 바는 하나님의 아들들이
나타나는 것이니
20 피조물이 허무한 데 굴복하는 것은 자기 뜻이
아니요 오직 굴복하게 하시는 이로 말미암음
이라
21 그 바라는 것은 피조물도 썩어짐의 종 노릇 한



양자(롬 8:15) : 법에 의하여 자식의 자격을 얻은 사람 단어풀이

데서 해방되어 하나님의 자녀들의 영광의 자
유에 이르는 것이니라
22 피조물이 다 이제까지 함께 탄식하며 함께 고
통을 겪고 있는 것을 우리가 아느니라
23 그뿐 아니라 또한 우리 곧 성령의 처음 익은
열매를 받은 우리까지도 속으로 탄식하여 양
자 될 것 곧 우리 몸의 속량을 기다리느니라
24 우리가 소망으로 구원을 얻었으매 보이는 소
망이 소망이 아니니 보는 것을 누가 바라리요
25 만일 우리가 보지 못하는 것을 바라면 참음으
로 기다릴지니라
26 이와 같이 성령도 우리의 연약함을 도우시나
니 우리는 마땅히 기도할 바를 알지 못하나
오직 성령이 말할 수 없는 탄식으로 우리를
위하여 친히 간구하시느니라
27 마음을 살피시는 이가 성령의 생각을 아시나
니 이는 성령이 하나님의 뜻대로 성도를 위하

단어풀이 탄식(롬 8:23) : 한탄하여 한숨을 쉼 | 간구(롬 8:26) : 간절히 바람

여 간구하심이니라
28 우리가 알거니와 하나님을 사랑하는 자 곧 그
의 뜻대로 부르심을 입은 자들에게는 모든 것
이 합력하여 선을 이루느니라
29 하나님이 미리 아신 자들을 또한 그 아들의 형
상을 본받게 하기 위하여 미리 정하셨으니 이
는 그로 많은 형제 중에서 맏아들이 되게 하
려 하심이니라
30 또 미리 정하신 그들을 또한 부르시고 부르신
그들을 또한 의롭다 하시고 의롭다 하신 그들
을 또한 영화롭게 하셨느니라

### [그리스도의 사랑 하나님의 사랑]

31 그런즉 이 일에 대하여 우리가 무슨 말 하리
요 만일 하나님이 우리를 위하시면 누가 우리
를 대적하리요
32 자기 아들을 아끼지 아니하시고 우리 모든 사
람을 위하여 내주신 이가 어찌 그 아들과 함께

대적(롬 8:31) : 수가 많고 힘이 강한 적 단어풀이

년 월 일 요일

모든 것을 우리에게 주시지 아니하겠느냐
33 누가 능히 하나님께서 택하신 자들을 고발하
리요 의롭다 하신 이는 하나님이시니
34 누가 정죄하리요 죽으실 뿐 아니라 다시 살아
나신 이는 그리스도 예수시니 그는 하나님 우
편에 계신 자요 우리를 위하여 간구하시는 자
시니라
35 누가 우리를 그리스도의 사랑에서 끊으리요
환난이나 곤고나 박해나 기근이나 적신이나
위험이나 칼이랴
36 기록된 바 우리가 종일 주를 위하여 죽임을
당하게 되며 도살 당할 양 같이 여김을 받았
나이다 함과 같으니라
37 그러나 이 모든 일에 우리를 사랑하시는 이로
말미암아 우리가 넉넉히 이기느니라
38 내가 확신하노니 사망이나 생명이나 천사들
이나 권세자들이나 현재 일이나 장래 일이나

단어풀이 적신(롬 8:35) : 벌거벗은 몸(헐벗음)

능력이나
39 높음이나 깊음이나 다른 어떤 피조물이라도
우리를 우리 주 그리스도 예수 안에 있는 하
나님의 사랑에서 끊을 수 없으리라

# 9

[약속의 자녀 약속의 말씀]

1-2 내가 그리스도 안에서 참말을 하고
거짓말을 아니하노라 나에게 큰 근심이 있는
것과 마음에 그치지 않는 고통이 있는 것을 내
양심이 성령 안에서 나와 더불어 증언하노니
3 나의 형제 곧 골육의 친척을 위하여 내 자신
이 저주를 받아 그리스도에게서 끊어질지라
도 원하는 바로라
4 그들은 이스라엘 사람이라 그들에게는 양자
됨과 영광과 언약들과 율법을 세우신 것과 예
배와 약속들이 있고
5 조상들도 그들의 것이요 육신으로 하면 그리

골육(롬 9:3) : 부모와 자식, 형제자매 등의 가까운 혈족을 이르는 말 단어풀이

스도가 그들에게서 나셨으니 그는 만물 위에
계셔서 세세에 찬양을 받으실 하나님이시니
라 아멘
6 그러나 하나님의 말씀이 폐하여진 것 같지 않
도다 이스라엘에게서 난 그들이 다 이스라엘
이 아니요
7 또한 아브라함의 씨가 다 그의 자녀가 아니라
오직 이삭으로부터 난 자라야 네 씨라 불리리
라 하셨으니
8 곧 육신의 자녀가 하나님의 자녀가 아니요 오
직 약속의 자녀가 씨로 여기심을 받느니라
9 약속의 말씀은 이것이니 명년 이 때에 내가 이
르리니 사라에게 아들이 있으리라 하심이라
10 그뿐 아니라 또한 리브가가 우리 조상 이삭
한 사람으로 말미암아 임신하였는데
11 그 자식들이 아직 나지도 아니하고 무슨 선
이나 악을 행하지 아니한 때에 택하심을 따라

단어풀이 명년(롬 9:9) : 올해의 바로 다음에 오는 해

되는 하나님의 뜻이 행위로 말미암지 않고 오
직 부르시는 이로 말미암아 서게 하려 하사
12 리브가에게 이르시되 큰 자가 어린 자를 섬기
리라 하셨나니
13 기록된 바 내가 야곱은 사랑하고 에서는 미워
하였다 하심과 같으니라
14 그런즉 우리가 무슨 말을 하리요 하나님께 불
의가 있느냐 그럴 수 없느니라
15 모세에게 이르시되 내가 긍휼히 여길 자를 긍
휼히 여기고 불쌍히 여길 자를 불쌍히 여기리
라 하셨으니
16 그런즉 원하는 자로 말미암음도 아니요 달음
박질하는 자로 말미암음도 아니요 오직 긍휼
히 여기시는 하나님으로 말미암음이니라
17 성경이 바로에게 이르시되 내가 이 일을 위하
여 너를 세웠으니 곧 너로 말미암아 내 능력을
보이고 내 이름이 온 땅에 전파되게 하려 함이

라 하셨으니
18 그런즉 하나님께서 하고자 하시는 자를 긍휼
히 여기시고 하고자 하시는 자를 완악하게 하
시느니라

### [하나님의 진노와 긍휼]

19 혹 네가 내게 말하기를 그러면 하나님이 어찌
하여 허물하시느냐 누가 그 뜻을 대적하느냐
하리니
20 이 사람아 네가 누구이기에 감히 하나님께 반
문하느냐 지음을 받은 물건이 지은 자에게 어
찌 나를 이같이 만들었느냐 말하겠느냐
21 토기장이가 진흙 한 덩이로 하나는 귀히 쓸
그릇을, 하나는 천히 쓸 그릇을 만들 권한이
없느냐
22 만일 하나님이 그의 진노를 보이시고 그의 능
력을 알게 하고자 하사 멸하기로 준비된 진노
의 그릇을 오래 참으심으로 관용하시고

단어풀이 완악(롬 9:18) : 억세게 고집스럽고 사납다 | 허물(롬 9:19) : 모자라는 점이나 결점

23 또한 영광 받기로 예비하신 바 긍휼의 그릇에
대하여 그 영광의 풍성함을 알게 하고자 하셨
을지라도 무슨 말을 하리요
24 이 그릇은 우리니 곧 유대인 중에서뿐 아니라
이방인 중에서도 부르신 자니라
25 호세아의 글에도 이르기를 내가 내 백성 아닌
자를 내 백성이라, 사랑하지 아니한 자를 사랑
한 자라 부르리라
26 너희는 내 백성이 아니라 한 그 곳에서 그들이
살아 계신 하나님의 아들이라 일컬음을 받으
리라 함과 같으니라
27 또 이사야가 이스라엘에 관하여 외치되 이스
라엘 자손들의 수가 비록 바다의 모래 같을지
라도 남은 자만 구원을 받으리니
28 주께서 땅 위에서 그 말씀을 이루고 속히 시행
하시리라 하셨느니라
29 또한 이사야가 미리 말한 바 만일 만군의 주께

서 우리에게 씨를 남겨 두지 아니하셨더라면
우리가 소돔과 같이 되고 고모라와 같았으리
로다 함과 같으니라

[믿음에서 난 의]

30 그런즉 우리가 무슨 말을 하리요 의를 따르지
아니한 이방인들이 의를 얻었으니 곧 믿음에
서 난 의요
31 의의 법을 따라간 이스라엘은 율법에 이르지
못하였으니
32 어찌 그러하냐 이는 그들이 믿음을 의지하지
않고 행위를 의지함이라 부딪칠 돌에 부딪쳤
느니라
33 기록된 바 보라 내가 걸림돌과 거치는 바위를
시온에 두노니 그를 믿는 자는 부끄러움을 당
하지 아니하리라 함과 같으니라

# 10

1 형제들아 내 마음에 원하는 바와 하
나님께 구하는 바는 이스라엘을 위
함이니 곧 그들로 구원을 받게 함이라
2 내가 증언하노니 그들이 하나님께 열심이 있
으나 올바른 지식을 따른 것이 아니니라
3 하나님의 의를 모르고 자기 의를 세우려고 힘
써 하나님의 의에 복종하지 아니하였느니라
4 그리스도는 모든 믿는 자에게 의를 이루기 위
하여 율법의 마침이 되시니라
5 모세가 기록하되 율법으로 말미암는 의를 행
하는 사람은 그 의로 살리라 하였거니와
6 믿음으로 말미암는 의는 이같이 말하되 네 마
음에 누가 하늘에 올라가겠느냐 하지 말라 하
니 올라가겠느냐 함은 그리스도를 모셔 내리
려는 것이요
7 혹은 누가 무저갱에 내려가겠느냐 하지 말라
하니 내려가겠느냐 함은 그리스도를 죽은 자

무저갱(롬 10:7) : 끝이 없는 구렁텅이 단어풀이

가운데서 모셔 올리려는 것이라
8 그러면 무엇을 말하느냐 말씀이 네게 가까워
네 입에 있으며 네 마음에 있다 하였으니 곧
우리가 전파하는 믿음의 말씀이라
9 네가 만일 네 입으로 예수를 주로 시인하며
또 하나님께서 그를 죽은 자 가운데서 살리신
것을 네 마음에 믿으면 구원을 받으리라
10 사람이 마음으로 믿어 의에 이르고 입으로 시
인하여 구원에 이르느니라
11 성경에 이르되 누구든지 그를 믿는 자는 부끄
러움을 당하지 아니하리라 하니
12 유대인이나 헬라인이나 차별이 없음이라 한
분이신 주께서 모든 사람의 주가 되사 그를
부르는 모든 사람에게 부요하시도다
13 누구든지 주의 이름을 부르는 자는 구원을 받
으리라
14 그런즉 그들이 믿지 아니하는 이를 어찌 부르

단어풀이 부요하심(롬 10:12) : 풍부하심

리요 듣지도 못한 이를 어찌 믿으리요 전파하
는 자가 없이 어찌 들으리요
15 보내심을 받지 아니하였으면 어찌 전파하리
요 기록된 바 아름답도다 좋은 소식을 전하는
자들의 발이여 함과 같으니라

[믿음과 들음과 그리스도의 말씀]

16 그러나 그들이 다 복음을 순종하지 아니하였
도다 이사야가 이르되 주여 우리가 전한 것을
누가 믿었나이까 하였으니
17 그러므로 믿음은 들음에서 나며 들음은 그리
스도의 말씀으로 말미암았느니라
18 그러나 내가 말하노니 그들이 듣지 아니하였느
냐 그렇지 아니하니 그 소리가 온 땅에 퍼졌고
그 말씀이 땅 끝까지 이르렀도다 하였느니라
19 그러나 내가 말하노니 이스라엘이 알지 못하
였느냐 먼저 모세가 이르되 내가 백성 아닌 자
로써 너희를 시기하게 하며 미련한 백성으로

써 너희를 노엽게 하리라 하였고
20 이사야는 매우 담대하여 내가 나를 찾지 아니
한 자들에게 찾은 바 되고 내게 묻지 아니한
자들에게 나타났노라 말하였고
21 이스라엘에 대하여 이르되 순종하지 아니하
고 거슬러 말하는 백성에게 내가 종일 내 손
을 벌렸노라 하였느니라

11

[이스라엘의 남은 자]

1 그러므로 내가 말하노니 하나님이
자기 백성을 버리셨느냐 그럴 수 없느니라 나
도 이스라엘인이요 아브라함의 씨에서 난 자
요 베냐민 지파라
2 하나님이 그 미리 아신 자기 백성을 버리지
아니하셨나니 너희가 성경이 엘리야를 가리
켜 말한 것을 알지 못하느냐 그가 이스라엘을
하나님께 고발하되

년 월 일 요일

3 주여 그들이 주의 선지자들을 죽였으며 주의
제단들을 헐어 버렸고 나만 남았는데 내 목숨
도 찾나이다 하니
4 그에게 하신 대답이 무엇이냐 내가 나를 위하
여 바알에게 무릎을 꿇지 아니한 사람 칠천 명
을 남겨 두었다 하셨으니
5 그런즉 이와 같이 지금도 은혜로 택하심을 따
라 남은 자가 있느니라
6 만일 은혜로 된 것이면 행위로 말미암지 않음
이니 그렇지 않으면 은혜가 은혜 되지 못하느
니라
7 그런즉 어떠하냐 이스라엘이 구하는 그것을
얻지 못하고 오직 택하심을 입은 자가 얻었고
그 남은 자들은 우둔하여졌느니라
8 기록된 바 하나님이 오늘까지 그들에게 혼미
한 심령과 보지 못할 눈과 듣지 못할 귀를 주
셨다 함과 같으니라



우둔(롬 11:7) : 어리석고 둔함 단어풀이

9 또 다윗이 이르되 그들의 밥상이 올무와 덫과
거치는 것과 보응이 되게 하시옵고
10 그들의 눈은 흐려 보지 못하고 그들의 등은
항상 굽게 하옵소서 하였느니라
11 그러므로 내가 말하노니 그들이 넘어지기까
지 실족하였느냐 그럴 수 없느니라 그들이 넘
어짐으로 구원이 이방인에게 이르러 이스라
엘로 시기나게 함이니라
12 그들의 넘어짐이 세상의 풍성함이 되며 그들
의 실패가 이방인의 풍성함이 되거든 하물며
그들의 충만함이리요

### [이방인의 구원]

13 내가 이방인인 너희에게 말하노라 내가 이방인
의 사도인 만큼 내 직분을 영광스럽게 여기노니
14 이는 혹 내 골육을 아무쪼록 시기하게 하여
그들 중에서 얼마를 구원하려 함이라
15 그들을 버리는 것이 세상의 화목이 되거든 그

단어풀이 올무(롬 11:9) : 새나 짐승을 잡기 위하여 만든 올가미 | 실족(롬 11:11) : 발을 헛디딤

받아들이는 것이 죽은 자 가운데서 살아나는
것이 아니면 무엇이리요
16 제사하는 처음 익은 곡식 가루가 거룩한즉 떡
덩이도 그러하고 뿌리가 거룩한즉 가지도 그
러하니라
17 또한 가지 얼마가 꺾이었는데 돌감람나무인
네가 그들 중에 접붙임이 되어 참감람나무 뿌
리의 진액을 함께 받는 자가 되었은즉
18 그 가지들을 향하여 자랑하지 말라 자랑할지
라도 네가 뿌리를 보전하는 것이 아니요 뿌리
가 너를 보전하는 것이니라
19 그러면 네 말이 가지들이 꺾인 것은 나로 접붙
임을 받게 하려 함이라 하리니
20 옳도다 그들은 믿지 아니하므로 꺾이고 너는
믿으므로 섰느니라 높은 마음을 품지 말고 도
리어 두려워하라
21 하나님이 원 가지들도 아끼지 아니하셨은즉

 진액(롬 11:17) : 생물의 몸안에서 생겨나는 액체 단어풀이

너도 아끼지 아니하시리라
22 그러므로 하나님의 인자하심과 준엄하심을
보라 넘어지는 자들에게는 준엄하심이 있으
니 너희가 만일 하나님의 인자하심에 머물러
있으면 그 인자가 너희에게 있으리라 그렇지
않으면 너도 찍히는 바 되리라
23 그들도 믿지 아니하는 데 머무르지 아니하면
접붙임을 받으리니 이는 그들을 접붙이실 능
력이 하나님께 있음이라
24 네가 원 돌감람나무에서 찍힘을 받고 본성을
거슬러 좋은 감람나무에 접붙임을 받았으니
원 가지인 이 사람들이야 얼마나 더 자기 감
람나무에 접붙이심을 받으랴

[이스라엘의 구원]
25 형제들아 너희가 스스로 지혜 있다 하면서 이
신비를 너희가 모르기를 내가 원하지 아니하노
니 이 신비는 이방인의 충만한 수가 들어오기

단어풀이 준엄하심(롬 11:22) : 매우 어렵고 엄하다 | 본성(롬 11:24) : 본래 가지고 태어난 성질

까지 이스라엘의 더러는 우둔하게 된 것이라
26 그리하여 온 이스라엘이 구원을 받으리라 기
록된 바 구원자가 시온에서 오사 야곱에게서
경건하지 않은 것을 돌이키시겠고
27 내가 그들의 죄를 없이 할 때에 그들에게 이루
어질 내 언약이 이것이라 함과 같으니라
28 복음으로 하면 그들이 너희로 말미암아 원수
된 자요 택하심으로 하면 조상들로 말미암아
사랑을 입은 자라
29 하나님의 은사와 부르심에는 후회하심이 없
느니라
30 너희가 전에는 하나님께 순종하지 아니하더
니 이스라엘이 순종하지 아니함으로 이제 긍
휼을 입었는지라
31 이와 같이 이 사람들이 순종하지 아니하니 이
는 너희에게 베푸시는 긍휼로 이제 그들도 긍
휼을 얻게 하려 하심이라

32 하나님이 모든 사람을 순종하지 아니하는 가
운데 가두어 두심은 모든 사람에게 긍휼을 베
풀려 하심이로다
33 깊도다 하나님의 지혜와 지식의 풍성함이여,
그의 판단은 헤아리지 못할 것이며 그의 길은
찾지 못할 것이로다
34 누가 주의 마음을 알았느냐 누가 그의 모사가
되었느냐
35 누가 주께 먼저 드려서 갚으심을 받겠느냐
36 이는 만물이 주에게서 나오고 주로 말미암고
주에게로 돌아감이라 그에게 영광이 세세에
있을지어다 아멘

12

**[하나님의 뜻을 분별하는 새 생활]**

1 그러므로 형제들아 내가 하나님의
모든 자비하심으로 너희를 권하노니 너희 몸
을 하나님이 기뻐하시는 거룩한 산 제물로 드

단어풀이 모사(롬 11:34) : 남을 도와 꾀를 내는 사람

리라 이는 너희가 드릴 영적 예배니라
2 너희는 이 세대를 본받지 말고 오직 마음을 새
롭게 함으로 변화를 받아 하나님의 선하시고
기뻐하시고 온전하신 뜻이 무엇인지 분별하
도록 하라
3 내게 주신 은혜로 말미암아 너희 각 사람에게
말하노니 마땅히 생각할 그 이상의 생각을 품
지 말고 오직 하나님께서 각 사람에게 나누어
주신 믿음의 분량대로 지혜롭게 생각하라
4 우리가 한 몸에 많은 지체를 가졌으나 모든 지
체가 같은 기능을 가진 것이 아니니
5 이와 같이 우리 많은 사람이 그리스도 안에서
한 몸이 되어 서로 지체가 되었느니라
6 우리에게 주신 은혜대로 받은 은사가 각각 다
르니 혹 예언이면 믿음의 분수대로,
7 혹 섬기는 일이면 섬기는 일로, 혹 가르치는
자면 가르치는 일로,

8 혹 위로하는 자면 위로하는 일로, 구제하는 자
는 성실함으로, 다스리는 자는 부지런함으로,
긍휼을 베푸는 자는 즐거움으로 할 것이니라
9 사랑에는 거짓이 없나니 악을 미워하고 선에
속하라
10 형제를 사랑하여 서로 우애하고 존경하기를
서로 먼저 하며
11 부지런하여 게으르지 말고 열심을 품고 주를
섬기라
12 소망 중에 즐거워하며 환난 중에 참으며 기도
에 항상 힘쓰며
13 성도들의 쓸 것을 공급하며 손 대접하기를 힘
쓰라

[그리스도인의 생활]

14 너희를 박해하는 자를 축복하라 축복하고 저
주하지 말라
15 즐거워하는 자들과 함께 즐거워하고 우는 자

단어풀이 우애(롬 12:10) : 형제간 또는 친구 간의 정과 사랑 | 박해(롬 12:14) : 못살게 굴어서 해롭게 함

들과 함께 울라
16 서로 마음을 같이하며 높은 데 마음을 두
지 말고 도리어 낮은 데 처하며 스스로 지
혜 있는 체 하지 말라
17 아무에게도 악을 악으로 갚지 말고 모든
사람 앞에서 선한 일을 도모하라
18 할 수 있거든 너희로서는 모든 사람과 더
불어 화목하라
19 내 사랑하는 자들아 너희가 친히 원수를
갚지 말고 하나님의 진노하심에 맡기라 기
록되었으되 원수 갚는 것이 내게 있으니
내가 갚으리라고 주께서 말씀하시니라
20 네 원수가 주리거든 먹이고 목마르거든 마
시게 하라 그리함으로 네가 숯불을 그 머
리에 쌓아 놓으리라
21 악에게 지지 말고 선으로 악을 이기라

# 13 [그리스도인과 세상 권세]

1 각 사람은 위에 있는 권세들에게 복
종하라 권세는 하나님으로부터 나지 않음이 없
나니 모든 권세는 다 하나님께서 정하신 바라
2 그러므로 권세를 거스르는 자는 하나님의 명
을 거스름이니 거스르는 자들은 심판을 자취
하리라
3 다스리는 자들은 선한 일에 대하여 두려움이
되지 않고 악한 일에 대하여 되나니 네가 권
세를 두려워하지 아니하려느냐 선을 행하라
그리하면 그에게 칭찬을 받으리라
4 그는 하나님의 사역자가 되어 네게 선을 베푸
는 자니라 그러나 네가 악을 행하거든 두려워
하라 그가 공연히 칼을 가지지 아니하였으니
곧 하나님의 사역자가 되어 악을 행하는 자에
게 진노하심을 따라 보응하는 자니라
5 그러므로 복종하지 아니할 수 없으니 진노 때

단어풀이 진노(롬 13:5) : 존엄한 존재가 몹시 노함

문에 할 것이 아니라 양심을 따라 할 것이라
6 너희가 조세를 바치는 것도 이로 말미암음이
라 그들이 하나님의 일꾼이 되어 바로 이 일에
항상 힘쓰느니라
7 모든 자에게 줄 것을 주되 조세를 받을 자에
게 조세를 바치고 관세를 받을 자에게 관세를
바치고 두려워할 자를 두려워하며 존경할 자
를 존경하라

### [사랑은 율법의 완성]

8 피차 사랑의 빚 외에는 아무에게든지 아무 빚
도 지지 말라 남을 사랑하는 자는 율법을 다
이루었느니라
9 간음하지 말라, 살인하지 말라, 도둑질하지 말
라, 탐내지 말라 한 것과 그 외에 다른 계명이
있을지라도 네 이웃을 네 자신과 같이 사랑하
라 하신 그 말씀 가운데 다 들었느니라
10 사랑은 이웃에게 악을 행하지 아니하나니 그

조세(롬 13:6) : 나라에서 강제로 거두어 들이는 금전 단어풀이

러므로 사랑은 율법의 완성이니라

[구원의 때가 가까워졌다]

11 또한 너희가 이 시기를 알거니와 자다가 깰
때가 벌써 되었으니 이는 이제 우리의 구원이
처음 믿을 때보다 가까웠음이라
12 밤이 깊고 낮이 가까웠으니 그러므로 우리가
어둠의 일을 벗고 빛의 갑옷을 입자
13 낮에와 같이 단정히 행하고 방탕하거나 술 취
하지 말며 음란하거나 호색하지 말며 다투거
나 시기하지 말고
14 오직 주 예수 그리스도로 옷 입고 정욕을 위
하여 육신의 일을 도모하지 말라

# 14

[형제를 비판하지 말라]

1 믿음이 연약한 자를 너희가 받되 그
의 의견을 비판하지 말라
2 어떤 사람은 모든 것을 먹을 만한 믿음이 있

단어풀이 호색(롬 13:13) : 여자와 관계를 맺는 것을 지나치게 좋아함

년 월 일 요일

고 믿음이 연약한 자는 채소만 먹느니라
3 먹는 자는 먹지 않는 자를 업신여기지 말고 먹
지 않는 자는 먹는 자를 비판하지 말라 이는
하나님이 그를 받으셨음이라
4 남의 하인을 비판하는 너는 누구냐 그가 서 있
는 것이나 넘어지는 것이 자기 주인에게 있으
매 그가 세움을 받으리니 이는 그를 세우시는
권능이 주께 있음이라
5 어떤 사람은 이 날을 저 날보다 낫게 여기고
어떤 사람은 모든 날을 같게 여기나니 각각 자
기 마음으로 확정할지니라
6 날을 중히 여기는 자도 주를 위하여 중히 여기
고 먹는 자도 주를 위하여 먹으니 이는 하나님
께 감사함이요 먹지 않는 자도 주를 위하여 먹
지 아니하며 하나님께 감사하느니라
7 우리 중에 누구든지 자기를 위하여 사는 자가
없고 자기를 위하여 죽는 자도 없도다



권능(롬 14:4) : 권세와 능력 단어풀이

8 우리가 살아도 주를 위하여 살고 죽어도 주를
위하여 죽나니 그러므로 사나 죽으나 우리가
주의 것이로다
9 이를 위하여 그리스도께서 죽었다가 다시 살
아나셨으니 곧 죽은 자와 산 자의 주가 되려
하심이라
10 네가 어찌하여 네 형제를 비판하느냐 어찌하
여 네 형제를 업신여기느냐 우리가 다 하나님
의 심판대 앞에 서리라
11 기록되었으되 주께서 이르시되 내가 살았노
니 모든 무릎이 내게 꿇을 것이요 모든 혀가
하나님께 자백하리라 하였느니라
12 이러므로 우리 각 사람이 자기 일을 하나님께
직고하리라

**[형제로 거리끼게 하지 말라]**

13 그런즉 우리가 다시는 서로 비판하지 말고 도
리어 부딪칠 것이나 거칠 것을 형제 앞에 두

단어풀이 자백(롬 14:11) : 자기의 죄 따위를 스스로 고백함 | 직고(롬 14:12) : 어떤 사실을 바른대로 알림

지 아니하도록 주의하라
14 내가 주 예수 안에서 알고 확신하노니 무엇이
든지 스스로 속된 것이 없으되 다만 속되게 여
기는 그 사람에게는 속되니라
15 만일 음식으로 말미암아 네 형제가 근심하게
되면 이는 네가 사랑으로 행하지 아니함이라
그리스도께서 대신하여 죽으신 형제를 네 음
식으로 망하게 하지 말라
16 그러므로 너희의 선한 것이 비방을 받지 않게
하라
17 하나님의 나라는 먹는 것과 마시는 것이 아니
요 오직 성령 안에 있는 의와 평강과 희락이라
18 이로써 그리스도를 섬기는 자는 하나님을 기
쁘시게 하며 사람에게도 칭찬을 받느니라
19 그러므로 우리가 화평의 일과 서로 덕을 세우
는 일을 힘쓰나니
20 음식으로 말미암아 하나님의 사업을 무너지



비방(롬 14:16) : 남을 헐뜯고 비난하여 말함 단어풀이

게 하지 말라 만물이 다 깨끗하되 거리낌으로
먹는 사람에게는 악한 것이라
21 고기도 먹지 아니하고 포도주도 마시지 아니
하고 무엇이든지 네 형제로 거리끼게 하는 일
을 아니함이 아름다우니라
22 네게 있는 믿음을 하나님 앞에서 스스로 가지
고 있으라 자기가 옳다 하는 바로 자기를 정
죄하지 아니하는 자는 복이 있도다
23 의심하고 먹는 자는 정죄되었나니 이는 믿음
을 따라 하지 아니하였기 때문이라 믿음을 따
라 하지 아니하는 것은 다 죄니라

# 15

## [선을 이루고 덕을 세우라]

1 믿음이 강한 우리는 마땅히 믿음이
약한 자의 약점을 담당하고 자기를 기쁘게 하
지 아니할 것이라
2 우리 각 사람이 이웃을 기쁘게 하되 선을 이

년 월 일 요일

루고 덕을 세우도록 할지니라
3 그리스도께서도 자기를 기쁘게 하지 아니하
셨나니 기록된 바 주를 비방하는 자들의 비방
이 내게 미쳤나이다 함과 같으니라
4 무엇이든지 전에 기록된 바는 우리의 교훈을
위하여 기록된 것이니 우리로 하여금 인내로
또는 성경의 위로로 소망을 가지게 함이니라
5 이제 인내와 위로의 하나님이 너희로 그리스
도 예수를 본받아 서로 뜻이 같게 하여 주사
6 한마음과 한 입으로 하나님 곧 우리 주 예수 그
리스도의 아버지께 영광을 돌리게 하려 하노라
7 그러므로 그리스도께서 우리를 받아 하나님
께 영광을 돌리심과 같이 너희도 서로 받으라
8 내가 말하노니 그리스도께서 하나님의 진실하
심을 위하여 할례의 추종자가 되셨으니 이는
조상들에게 주신 약속들을 견고하게 하시고
9 이방인들도 그 긍휼하심으로 말미암아 하나



추종자(롬 15:8) : 어떤 사람의 뒤를 좇아서 따르는 사람 단어풀이

님께 영광을 돌리게 하려 하심이라 기록된 바
그러므로 내가 열방 중에서 주께 감사하고 주
의 이름을 찬송하리로다 함과 같으니라
10 또 이르되 열방들아 주의 백성과 함께 즐거워
하라 하였으며
11 또 모든 열방들아 주를 찬양하며 모든 백성들
아 그를 찬송하라 하였으며
12 또 이사야가 이르되 이새의 뿌리 곧 열방을
다스리기 위하여 일어나시는 이가 있으리니
열방이 그에게 소망을 두리라 하였느니라
13 소망의 하나님이 모든 기쁨과 평강을 믿음 안
에서 너희에게 충만하게 하사 성령의 능력으
로 소망이 넘치게 하시기를 원하노라

### [하나님의 복음의 제사장 직분]

14 내 형제들아 너희가 스스로 선함이 가득하고
모든 지식이 차서 능히 서로 권하는 자임을
나도 확신하노라

단어풀이 열방(롬 15:9) : 여러 나라

15 그러나 내가 너희로 다시 생각나게 하려고 하
나님께서 내게 주신 은혜로 말미암아 더욱 담
대히 대략 너희에게 썼노니
16 이 은혜는 곧 나로 이방인을 위하여 그리스도
예수의 일꾼이 되어 하나님의 복음의 제사장
직분을 하게 하사 이방인을 제물로 드리는 것
이 성령 안에서 거룩하게 되어 받으실 만하게
하려 하심이라
17 그러므로 내가 그리스도 예수 안에서 하나님
의 일에 대하여 자랑하는 것이 있거니와
18 그리스도께서 이방인들을 순종하게 하기 위
하여 나를 통하여 역사하신 것 외에는 내가 감
히 말하지 아니하노라 그 일은 말과 행위로
19 표적과 기사의 능력으로 성령의 능력으로 이
루어졌으며 그리하여 내가 예루살렘으로부터
두루 행하여 일루리곤까지 그리스도의 복음
을 편만하게 전하였노라



편만(롬 15:19) : 고르게 널리 차서 그득하다 단어풀이

20 또 내가 그리스도의 이름을 부르는 곳에는 복
음을 전하지 않기를 힘썼노니 이는 남의 터
위에 건축하지 아니하려 함이라
21 기록된 바 주의 소식을 받지 못한 자들이 볼
것이요 듣지 못한 자들이 깨달으리라 함과 같
으니라

### [바울의 로마 방문 계획]

22 그러므로 또한 내가 너희에게 가려 하던 것이
여러 번 막혔더니
23 이제는 이 지방에 일할 곳이 없고 또 여러 해
전부터 언제든지 서바나로 갈 때에 너희에게
가기를 바라고 있었으니
24 이는 지나가는 길에 너희를 보고 먼저 너희와
사귐으로 얼마간 기쁨을 가진 후에 너희가 그
리로 보내주기를 바람이라
25 그러나 이제는 내가 성도를 섬기는 일로 예루
살렘에 가노니

단어풀이 서바나(롬 15:23) : 유럽의 남서쪽 끝에 있는 나라(지금의 스페인)

26 이는 마게도냐와 아가야 사람들이 예루살렘
성도 중 가난한 자들을 위하여 기쁘게 얼마를
연보하였음이라
27 저희가 기뻐서 하였거니와 또한 저희는 그들
에게 빚진 자니 만일 이방인들이 그들의 영적
인 것을 나눠 가졌으면 육적인 것으로 그들을
섬기는 것이 마땅하니라
28 그러므로 내가 이 일을 마치고 이 열매를 그
들에게 확증한 후에 너희에게 들렀다가 서바
나로 가리라
29 내가 너희에게 나아갈 때에 그리스도의 충만
한 복을 가지고 갈 줄을 아노라
30 형제들아 내가 우리 주 예수 그리스도와 성령
의 사랑으로 말미암아 너희를 권하노니 너희
기도에 나와 힘을 같이하여 나를 위하여 하나
님께 빌어
31 나로 유대에서 순종하지 아니하는 자들로부



연보(롬 15:26) : 헌금 단어풀이

터 건짐을 받게 하고 또 예루살렘에 대하여 내
가 섬기는 일을 성도들이 받을 만하게 하고
32 나로 하나님의 뜻을 따라 기쁨으로 너희에게
나아가 너희와 함께 편히 쉬게 하라
33 평강의 하나님께서 너희 모든 사람과 함께 계
실지어다 아멘

16 [인사]

1 내가 겐그레아 교회의 일꾼으로 있
는 우리 자매 뵈뵈를 너희에게 추천하노니
2 너희는 주 안에서 성도들의 합당한 예절로 그
를 영접하고 무엇이든지 그에게 소용되는 바
를 도와 줄지니 이는 그가 여러 사람과 나의
보호자가 되었음이라
3 너희는 그리스도 예수 안에서 나의 동역자들
인 브리스가와 아굴라에게 문안하라
4 그들은 내 목숨을 위하여 자기들의 목까지도

내놓았나니 나뿐 아니라 이방인의 모든 교회
도 그들에게 감사하느니라
5 또 저의 집에 있는 교회에도 문안하라 내가 사
랑하는 에배네도에게 문안하라 그는 아시아
에서 그리스도께 처음 맺은 열매니라
6 너희를 위하여 많이 수고한 마리아에게 문안
하라
7 내 친척이요 나와 함께 갇혔던 안드로니고와
유니아에게 문안하라 그들은 사도들에게 존
중히 여겨지고 또한 나보다 먼저 그리스도 안
에 있는 자라
8 또 주 안에서 내 사랑하는 암블리아에게 문안
하라
9 그리스도 안에서 우리의 동역자인 우르바노
와 나의 사랑하는 스다구에게 문안하라
10 그리스도 안에서 인정함을 받은 아벨레에게
문안하라 아리스도불로의 권속에게 문안하라

11 내 친척 헤로디온에게 문안하라 나깃수의 가
족 중 주 안에 있는 자들에게 문안하라
12 주 안에서 수고한 드루배나와 드루보사에게
문안하라 주 안에서 많이 수고하고 사랑하는
버시에게 문안하라
13 주 안에서 택하심을 입은 루포와 그의 어머니에
게 문안하라 그의 어머니는 곧 내 어머니니라
14 아순그리도와 블레곤과 허메와 바드로바와
허마와 및 그들과 함께 있는 형제들에게 문안
하라
15 빌롤로고와 율리아와 또 네레오와 그의 자매
와 올름바와 그들과 함께 있는 모든 성도에게
문안하라
16 너희가 거룩하게 입맞춤으로 서로 문안하라
그리스도의 모든 교회가 다 너희에게 문안하
느니라
17 형제들아 내가 너희를 권하노니 너희가 배운

교훈을 거슬러 분쟁을 일으키거나 거치게 하
는 자들을 살피고 그들에게서 떠나라
18 이같은 자들은 우리 주 그리스도를 섬기지 아
니하고 다만 자기들의 배만 섬기나니 교활한
말과 아첨하는 말로 순진한 자들의 마음을 미
혹하느니라
19 너희의 순종함이 모든 사람에게 들리는지라
그러므로 내가 너희로 말미암아 기뻐하노니
너희가 선한 데 지혜롭고 악한 데 미련하기를
원하노라
20 평강의 하나님께서 속히 사탄을 너희 발 아래
에서 상하게 하시리라 우리 주 예수의 은혜가
너희에게 있을지어다

**[문안과 찬양]**

21 나의 동역자 디모데와 나의 친척 누기오와 야
손과 소시바더가 너희에게 문안하느니라
22 이 편지를 기록하는 나 더디오도 주 안에서 너



아첨(롬 16:18) : 남의 마음에 들려고 비위를 맞추면서 알랑거림 단어풀이

희에게 문안하노라
23 나와 온 교회를 돌보아 주는 가이오도 너희에
게 문안하고 이 성의 재무관 에라스도와 형제
구아도도 너희에게 문안하느니라
24 (없음)
25 나의 복음과 예수 그리스도를 전파함은 영세
전부터 감추어졌다가
26 이제는 나타내신 바 되었으며 영원하신 하나
님의 명을 따라 선지자들의 글로 말미암아 모
든 민족이 믿어 순종하게 하시려고 알게 하신
바 그 신비의 계시를 따라 된 것이니 이 복음
으로 너희를 능히 견고하게 하실
27 지혜로우신 하나님께 예수 그리스도로 말미암
아 영광이 세세무궁하도록 있을지어다 아멘

단어풀이 영세전(롬 16:25) : **영원전**

년 월 일 요일

# 고린도전서
(1-16장)

1

**[인사와 감사]**

1 하나님의 뜻을 따라 그리스도 예수의 사
도로 부르심을 받은 바울과 형제 소스데네는
2 고린도에 있는 하나님의 교회 곧 그리스도 예
수 안에서 거룩하여지고 성도라 부르심을 받
은 자들과 또 각처에서 우리의 주 곧 그들과
우리의 주 되신 예수 그리스도의 이름을 부르
는 모든 자들에게
3 하나님 우리 아버지와 주 예수 그리스도로부
터 은혜와 평강이 있기를 원하노라
4 그리스도 예수 안에서 너희에게 주신 하나님
의 은혜로 말미암아 내가 너희를 위하여 항상
하나님께 감사하노니
5 이는 너희가 그 안에서 모든 일 곧 모든 언변
과 모든 지식에 풍족하므로

단어풀이 언변(고전 1:5) : 말을 잘하는 솜씨나 재주

6 그리스도의 증거가 너희 중에 견고하게 되어
7 너희가 모든 은사에 부족함이 없이 우리 주
예수 그리스도의 나타나심을 기다림이라
8 주께서 너희를 우리 주 예수 그리스도의 날에
책망할 것이 없는 자로 끝까지 견고하게 하시
리라
9 너희를 불러 그의 아들 예수 그리스도 우리
주와 더불어 교제하게 하시는 하나님은 미쁘
시도다

### [고린도 교회의 분쟁]

10 형제들아 내가 우리 주 예수 그리스도의 이름
으로 너희를 권하노니 모두가 같은 말을 하고
너희 가운데 분쟁이 없이 같은 마음과 같은
뜻으로 온전히 합하라
11 내 형제들아 글로에의 집 편으로 너희에 대한
말이 내게 들리니 곧 너희 가운데 분쟁이 있
다는 것이라

단어풀이 분쟁(고전 1:10) : 서로 시끄럽게 다툼

년 월 일 요일

12 내가 이것을 말하거니와 너희가 각각 이르되
나는 바울에게, 나는 아볼로에게, 나는 게바
에게, 나는 그리스도에게 속한 자라 한다는
것이니
13 그리스도께서 어찌 나뉘었느냐 바울이 너희
를 위하여 십자가에 못 박혔으며 바울의 이름
으로 너희가 세례를 받았느냐
14 나는 그리스보와 가이오 외에는 너희 중 아무
에게도 내가 세례를 베풀지 아니한 것을 감사
하노니
15 이는 아무도 나의 이름으로 세례를 받았다 말
하지 못하게 하려 함이라
16 내가 또한 스데바나 집 사람에게 세례를 베풀
었고 그 외에는 다른 누구에게 세례를 베풀었
는지 알지 못하노라
17 그리스도께서 나를 보내심은 세례를 베풀게
하려 하심이 아니요 오직 복음을 전하게 하려

하심이로되 말의 지혜로 하지 아니함은 그리
스도의 십자가가 헛되지 않게 하려 함이라

[하나님의 능력과 지혜이신 그리스도]

18 십자가의 도가 멸망하는 자들에게는 미련한
것이요 구원을 받는 우리에게는 하나님의 능
력이라
19 기록된 바 내가 지혜 있는 자들의 지혜를 멸하
고 총명한 자들의 총명을 폐하리라 하였으니
20 지혜 있는 자가 어디 있느냐 선비가 어디 있
느냐 이 세대에 변론가가 어디 있느냐 하나님
께서 이 세상의 지혜를 미련하게 하신 것이 아
니냐
21 하나님의 지혜에 있어서는 이 세상이 자기 지
혜로 하나님을 알지 못하므로 하나님께서 전
도의 미련한 것으로 믿는 자들을 구원하시기
를 기뻐하셨도다
22 유대인은 표적을 구하고 헬라인은 지혜를 찾

단어풀이 총명(고전 1:19) : 영리하고 기억력이 좋으며 재주가 있음

년 월 일 요일

으나

23 우리는 십자가에 못 박힌 그리스도를 전하니
유대인에게는 거리끼는 것이요 이방인에게
는 미련한 것이로되

24 오직 부르심을 받은 자들에게는 유대인이나
헬라인이나 그리스도는 하나님의 능력이요
하나님의 지혜니라

25 하나님의 어리석음이 사람보다 지혜롭고 하
나님의 약하심이 사람보다 강하니라

26 형제들아 너희를 부르심을 보라 육체를 따라
지혜로운 자가 많지 아니하며 능한 자가 많지
아니하며 문벌 좋은 자가 많지 아니하도다

27 그러나 하나님께서 세상의 미련한 것들을 택
하사 지혜 있는 자들을 부끄럽게 하려 하시고
세상의 약한 것들을 택하사 강한 것들을 부끄
럽게 하려 하시며

28 하나님께서 세상의 천한 것들과 멸시 받는 것



문벌(고전 1:26) : 대대로 내려오는 그 집안의 사회적 신분이나 지위 단어풀이

들과 없는 것들을 택하사 있는 것들을 폐하려
하시나니
29 이는 아무 육체도 하나님 앞에서 자랑하지 못
하게 하려 하심이라
30 너희는 하나님으로부터 나서 그리스도 예수
안에 있고 예수는 하나님으로부터 나와서 우
리에게 지혜와 의로움과 거룩함과 구원함이
되셨으니
31 기록된 바 자랑하는 자는 주 안에서 자랑하라
함과 같게 하려 함이라

## 2

### [십자가에 못 박히신 그리스도]

1 형제들아 내가 너희에게 나아가 하나
님의 증거를 전할 때에 말과 지혜의 아름다운
것으로 아니하였나니
2 내가 너희 중에서 예수 그리스도와 그가 십자
가에 못 박히신 것 외에는 아무 것도 알지 아

니하기로 작정하였음이라
3 내가 너희 가운데 거할 때에 약하고 두려워하
고 심히 떨었노라
4 내 말과 내 전도함이 설득력 있는 지혜의 말
로 하지 아니하고 다만 성령의 나타나심과 능
력으로 하여
5 너희 믿음이 사람의 지혜에 있지 아니하고 다
만 하나님의 능력에 있게 하려 하였노라

**[성령으로 보이셨다]**

6 그러나 우리가 온전한 자들 중에서는 지혜를
말하노니 이는 이 세상의 지혜가 아니요 또 이
세상에서 없어질 통치자들의 지혜도 아니요
7 오직 은밀한 가운데 있는 하나님의 지혜를 말
하는 것으로서 곧 감추어졌던 것인데 하나님
이 우리의 영광을 위하여 만세 전에 미리 정
하신 것이라
8 이 지혜는 이 세대의 통치자들이 한 사람도



만세 전(고전 2:7) : 영원 전 단어풀이

알지 못하였나니 만일 알았더라면 영광의 주
를 십자가에 못 박지 아니하였으리라
9 기록된 바 하나님이 자기를 사랑하는 자들을
위하여 예비하신 모든 것은 눈으로 보지 못하
고 귀로 듣지 못하고 사람의 마음으로 생각하
지도 못하였다 함과 같으니라
10 오직 하나님이 성령으로 이것을 우리에게 보
이셨으니 성령은 모든 것 곧 하나님의 깊은 것
까지도 통달하시느니라
11 사람의 일을 사람의 속에 있는 영 외에 누가
알리요 이와 같이 하나님의 일도 하나님의 영
외에는 아무도 알지 못하느니라
12 우리가 세상의 영을 받지 아니하고 오직 하나
님으로부터 온 영을 받았으니 이는 우리로 하
여금 하나님께서 우리에게 은혜로 주신 것들
을 알게 하려 하심이라
13 우리가 이것을 말하거니와 사람의 지혜가 가

단어풀이 통달(고전 2:10) : 익히 알고 있어 막힘이 없음

르친 말로 아니하고 오직 성령께서 가르치신
것으로 하니 영적인 일은 영적인 것으로 분별
하느니라
14 육에 속한 사람은 하나님의 성령의 일들을
받지 아니하나니 이는 그것들이 그에게는 어
리석게 보임이요, 또 그는 그것들을 알 수도
없나니 그러한 일은 영적으로 분별되기 때
문이라
15 신령한 자는 모든 것을 판단하나 자기는 아무
에게도 판단을 받지 아니하느니라
16 누가 주의 마음을 알아서 주를 가르치겠느
냐 그러나 우리가 그리스도의 마음을 가졌느
니라

# 3

**[하나님의 동역자들]**

1 형제들아 내가 신령한 자들을 대함과
같이 너희에게 말할 수 없어서 육신에 속한



신령(고전 2:15) : 신비하고 초자연적인 기운 단어풀이

자 곧 그리스도 안에서 어린 아이들을 대함과
같이 하노라
2 내가 너희를 젖으로 먹이고 밥으로 아니하였
노니 이는 너희가 감당하지 못하였음이거니
와 지금도 못하리라
3 너희는 아직도 육신에 속한 자로다 너희 가운
데 시기와 분쟁이 있으니 어찌 육신에 속하여
사람을 따라 행함이 아니리요
4 어떤 이는 말하되 나는 바울에게라 하고 다른
이는 나는 아볼로에게라 하니 너희가 육의 사
람이 아니리요
5 그런즉 아볼로는 무엇이며 바울은 무엇이냐
그들은 주께서 각각 주신 대로 너희로 하여금
믿게 한 사역자들이니라
6 나는 심었고 아볼로는 물을 주었으되 오직 하
나님께서 자라나게 하셨나니
7 그런즉 심는 이나 물 주는 이는 아무 것도 아

년 월 일 요일

니로되 오직 자라게 하시는 이는 하나님뿐이
니라
8 심는 이와 물 주는 이는 한가지이나 각각 자
기가 일한 대로 자기의 상을 받으리라
9 우리는 하나님의 동역자들이요 너희는 하나
님의 밭이요 하나님의 집이니라
10 내게 주신 하나님의 은혜를 따라 내가 지혜로
운 건축자와 같이 터를 닦아 두매 다른 이가
그 위에 세우나 그러나 각각 어떻게 그 위에
세울까를 조심할지니라
11 이 닦아 둔 것 외에 능히 다른 터를 닦아 둘 자
가 없으니 이 터는 곧 예수 그리스도라
12 만일 누구든지 금이나 은이나 보석이나 나무
나 풀이나 짚으로 이 터 위에 세우면
13 각 사람의 공적이 나타날 터인데 그 날이 공적
을 밝히리니 이는 불로 나타내고 그 불이 각
사람의 공적이 어떠한 것을 시험할 것임이라



공적(고전 3:13) : 노력과 수고를 들여 이루어 낸 일의 결과 단어풀이

년 월 일 요일

14 만일 누구든지 그 위에 세운 공적이 그대로 있
으면 상을 받고
15 누구든지 그 공적이 불타면 해를 받으리니 그
러나 자신은 구원을 받되 불 가운데서 받은 것
같으리라
16 너희는 너희가 하나님의 성전인 것과 하나님
의 성령이 너희 안에 계시는 것을 알지 못하
느냐
17 누구든지 하나님의 성전을 더럽히면 하나님
이 그 사람을 멸하시리라 하나님의 성전은 거
룩하니 너희도 그러하니라
18 아무도 자신을 속이지 말라 너희 중에 누구든
지 이 세상에서 지혜 있는 줄로 생각하거든 어
리석은 자가 되라 그리하여야 지혜로운 자가
되리라
19 이 세상 지혜는 하나님께 어리석은 것이니 기
록된 바 하나님은 지혜 있는 자들로 하여금 자

기 꾀에 빠지게 하시는 이라 하였고
20 또 주께서 지혜 있는 자들의 생각을 헛것으로
아신다 하셨느니라
21 그런즉 누구든지 사람을 자랑하지 말라 만물
이 다 너희 것임이라
22 바울이나 아볼로나 게바나 세계나 생명이나
사망이나 지금 것이나 장래 것이나 다 너희의
것이요
23 너희는 그리스도의 것이요 그리스도는 하나
님의 것이니라

4 [그리스도의 일꾼]

1 사람이 마땅히 우리를 그리스도의 일
꾼이요 하나님의 비밀을 맡은 자로 여길지
어다
2 그리고 맡은 자들에게 구할 것은 충성이니라
3 너희에게나 다른 사람에게나 판단 받는 것이

만물(고전 3:21) : 세상에 있는 모든 것 단어풀이

내게는 매우 작은 일이라 나도 나를 판단하지
아니하노니
4 내가 자책할 아무 것도 깨닫지 못하나 이로 말
미암아 의롭다 함을 얻지 못하노라 다만 나를
심판하실 이는 주시니라
5 그러므로 때가 이르기 전 곧 주께서 오시기까
지 아무 것도 판단하지 말라 그가 어둠에 감
추인 것들을 드러내고 마음의 뜻을 나타내시
리니 그 때에 각 사람에게 하나님으로부터 칭
찬이 있으리라
6 형제들아 내가 너희를 위하여 이 일에 나와 아
볼로를 들어서 본을 보였으니 이는 너희로 하
여금 기록된 말씀 밖으로 넘어가지 말라 한 것
을 우리에게서 배워 서로 대적하여 교만한 마
음을 가지지 말게 하려 함이라
7 누가 너를 남달리 구별하였느냐 네게 있는
것 중에 받지 아니한 것이 무엇이냐 네가 받

단어풀이 대적(고전 4:6) : 서로 맞서서 겨룸

았은즉 어찌하여 받지 아니한 것 같이 자랑
하느냐
8 너희가 이미 배 부르며 이미 풍성하며 우리
없이도 왕이 되었도다 우리가 너희와 함께 왕
노릇 하기 위하여 참으로 너희가 왕이 되기를
원하노라
9 내가 생각하건대 하나님이 사도인 우리를 죽
이기로 작정된 자 같이 끄트머리에 두셨으매
우리는 세계 곧 천사와 사람에게 구경거리가
되었노라
10 우리는 그리스도 때문에 어리석으나 너희는
그리스도 안에서 지혜롭고 우리는 약하나
너희는 강하고 너희는 존귀하나 우리는 비
천하여
11 바로 이 시각까지 우리가 주리고 목마르며 헐
벗고 매맞으며 정처가 없고
12 또 수고하여 친히 손으로 일을 하며 모욕을



끄트머리(고전 4:9) : 맨 끝 부분 단어풀이

당한즉 축복하고 박해를 받은즉 참고
13 비방을 받은즉 권면하니 우리가 지금까지 세
상의 더러운 것과 만물의 찌꺼기 같이 되었
도다
14 내가 너희를 부끄럽게 하려고 이것을 쓰는 것
이 아니라 오직 너희를 내 사랑하는 자녀 같이
권하려 하는 것이라
15 그리스도 안에서 일만 스승이 있으되 아버지
는 많지 아니하니 그리스도 예수 안에서 내가
복음으로써 너희를 낳았음이라
16 그러므로 내가 너희에게 권하노니 너희는 나
를 본받는 자가 되라
17 이로 말미암아 내가 주 안에서 내 사랑하고 신
실한 아들 디모데를 너희에게 보내었으니 그
가 너희로 하여금 그리스도 예수 안에서 나의
행사 곧 내가 각처 각 교회에서 가르치는 것을
생각나게 하리라

단어풀이 비방(고전 4:13) : 남을 헐뜯고 비난하여 말함

18 어떤 이들은 내가 너희에게 나아가지 아니할
것 같이 스스로 교만하여졌으나
19 주께서 허락하시면 내가 너희에게 속히 나아
가서 교만한 자들의 말이 아니라 오직 그 능
력을 알아보겠으니
20 하나님의 나라는 말에 있지 아니하고 오직 능
력에 있음이라
21 너희가 무엇을 원하느냐 내가 매를 가지고 너
희에게 나아가랴 사랑과 온유한 마음으로 나
아가랴

# 5

## [음행한 자를 판단하다]

1 너희 중에 심지어 음행이 있다 함을
들으니 그런 음행은 이방인 중에서도 없는 것
이라 누가 그 아버지의 아내를 취하였다 하는
도다
2 그리하고도 너희가 오히려 교만하여져서 어

단어풀이 음행(고전 5:1) : 음란한 짓

찌하여 통한히 여기지 아니하고 그 일 행한 자
를 너희 중에서 쫓아내지 아니하였느냐
3 내가 실로 몸으로는 떠나 있으나 영으로는 함
께 있어서 거기 있는 것 같이 이런 일 행한 자
를 이미 판단하였노라
4 주 예수의 이름으로 너희가 내 영과 함께 모여
서 우리 주 예수의 능력으로
5 이런 자를 사탄에게 내주었으니 이는 육신은
멸하고 영은 주 예수의 날에 구원을 받게 하
려 함이라
6 너희가 자랑하는 것이 옳지 아니하도다 적은
누룩이 온 덩어리에 퍼지는 것을 알지 못하
느냐
7 너희는 누룩 없는 자인데 새 덩어리가 되기 위
하여 묵은 누룩을 내버리라 우리의 유월절 양
곧 그리스도께서 희생되셨느니라
8 이러므로 우리가 명절을 지키되 묵은 누룩으

단어풀이 통한히(고전 5:2) : 몹시 탄식함 | 누룩(고전 5:7) : 빵을 부풀게 하는 효소

년 월 일 요일

로도 말고 악하고 악의에 찬 누룩으로도 말고
누룩이 없이 오직 순전함과 진실함의 떡으로
하자
9 내가 너희에게 쓴 편지에 음행하는 자들을 사
귀지 말라 하였거니와
10 이 말은 이 세상의 음행하는 자들이나 탐하는
자들이나 속여 빼앗는 자들이나 우상 숭배하
는 자들을 도무지 사귀지 말라 하는 것이 아
니니 만일 그리하려면 너희가 세상 밖으로 나
가야 할 것이라
11 이제 내가 너희에게 쓴 것은 만일 어떤 형제
라 일컫는 자가 음행하거나 탐욕을 부리거나
우상 숭배를 하거나 모욕하거나 술 취하거나
속여 빼앗거든 사귀지도 말고 그런 자와는 함
께 먹지도 말라 함이라
12 밖에 있는 사람들을 판단하는 것이야 내게 무
슨 상관이 있으리요마는 교회 안에 있는 사람

탐욕(고전 5:11) : 지나치게 탐하는 욕심 단어풀이

들이야 너희가 판단하지 아니하랴
13 밖에 있는 사람들은 하나님이 심판하시려니
와 이 악한 사람은 너희 중에서 내쫓으라

6 [세상 법정에 송사하지 말라]
1 너희 중에 누가 다른 이와 더불어 다
툼이 있는데 구태여 불의한 자들 앞에서 고발
하고 성도 앞에서 하지 아니하느냐
2 성도가 세상을 판단할 것을 너희가 알지 못하
느냐 세상도 너희에게 판단을 받겠거든 지극
히 작은 일 판단하기를 감당하지 못하겠느냐
3 우리가 천사를 판단할 것을 너희가 알지 못하
느냐 그러하거든 하물며 세상 일이랴
4 그런즉 너희가 세상 사건이 있을 때에 교회에
서 경히 여김을 받는 자들을 세우느냐
5 내가 너희를 부끄럽게 하려 하여 이 말을 하노
니 너희 가운데 그 형제간의 일을 판단할 만한

년 월 일 요일

지혜 있는 자가 이같이 하나도 없느냐
6 형제가 형제와 더불어 고발할 뿐더러 믿지 아
니하는 자들 앞에서 하느냐
7 너희가 피차 고발함으로 너희 가운데 이미 뚜
렷한 허물이 있나니 차라리 불의를 당하는 것
이 낫지 아니하며 차라리 속는 것이 낫지 아
니하냐
8 너희는 불의를 행하고 속이는구나 그는 너희
형제로다
9 불의한 자가 하나님의 나라를 유업으로 받지
못할 줄을 알지 못하느냐 미혹을 받지 말라
음행하는 자나 우상 숭배하는 자나 간음하는
자나 탐색하는 자나 남색하는 자나
10 도적이나 탐욕을 부리는 자나 술 취하는 자나
모욕하는 자나 속여 빼앗는 자들은 하나님의
나라를 유업으로 받지 못하리라
11 너희 중에 이와 같은 자들이 있더니 주 예수



불의(고전 6:7) : 정의롭지 못하고 도리에 어긋남 단어풀이

그리스도의 이름과 우리 하나님의 성령 안
에서 씻음과 거룩함과 의롭다 하심을 받았
느니라

[몸으로 하나님께 영광을 돌리라]

12 모든 것이 내게 가하나 다 유익한 것이 아니요
모든 것이 내게 가하나 내가 무엇에든지 얽매
이지 아니하리라
13 음식은 배를 위하여 있고 배는 음식을 위하여
있으나 하나님은 이것 저것을 다 폐하시리라
몸은 음란을 위하여 있지 않고 오직 주를 위하
여 있으며 주는 몸을 위하여 계시느니라
14 하나님이 주를 다시 살리셨고 또한 그의 권능
으로 우리를 다시 살리시리라
15 너희 몸이 그리스도의 지체인 줄을 알지 못하
느냐 내가 그리스도의 지체를 가지고 창녀의
지체를 만들겠느냐 결코 그럴 수 없느니라
16 창녀와 합하는 자는 그와 한 몸인 줄을 알지

단어풀이 권능(고전 6:14) : 권세와 능력 | 지체(고전 6:15) : 팔다리와 몸 전체를 이르는 말

못하느냐 일렀으되 둘이 한 육체가 된다 하셨
나니
17 주와 합하는 자는 한 영이니라
18 음행을 피하라 사람이 범하는 죄마다 몸 밖에
있거니와 음행하는 자는 자기 몸에 죄를 범하
느니라
19 너희 몸은 너희가 하나님께로부터 받은 바 너
희 가운데 계신 성령의 전인 줄을 알지 못하
느냐 너희는 너희 자신의 것이 아니라
20 값으로 산 것이 되었으니 그런즉 너희 몸으로
하나님께 영광을 돌리라

7

[결혼에 대하여 이르다]

1 너희가 쓴 문제에 대하여 말하면 남자
가 여자를 가까이 아니함이 좋으나
2 음행을 피하기 위하여 남자마다 자기 아내를
두고 여자마다 자기 남편을 두라

3 남편은 그 아내에 대한 의무를 다하고 아내도
그 남편에게 그렇게 할지라
4 아내는 자기 몸을 주장하지 못하고 오직 그 남
편이 하며 남편도 그와 같이 자기 몸을 주장하
지 못하고 오직 그 아내가 하나니
5 서로 분방하지 말라 다만 기도할 틈을 얻기 위
하여 합의상 얼마 동안은 하되 다시 합하라 이
는 너희가 절제 못함으로 말미암아 사탄이 너
희를 시험하지 못하게 하려 함이라
6 그러나 내가 이 말을 함은 허락이요 명령은 아
니니라
7 나는 모든 사람이 나와 같기를 원하노라 그러
나 각각 하나님께 받은 자기의 은사가 있으니
이 사람은 이러하고 저 사람은 저러하니라
8 내가 결혼하지 아니한 자들과 과부들에게 이
르노니 나와 같이 그냥 지내는 것이 좋으니라
9 만일 절제할 수 없거든 결혼하라 정욕이 불 같

단어풀이 분방(고전 7:5) : 부부의 방을 따로따로 정함 | 합의(고전 7:5) : 서로 의견이 일치함

이 타는 것보다 결혼하는 것이 나으니라
10 결혼한 자들에게 내가 명하노니 (명하는 자는
내가 아니요 주시라) 여자는 남편에게서 갈라
서지 말고
11 (만일 갈라섰으면 그대로 지내든지 다시 그
남편과 화합하든지 하라) 남편도 아내를 버
리지 말라
12 그 나머지 사람들에게 내가 말하노니(이는 주
의 명령이 아니라) 만일 어떤 형제에게 믿지
아니하는 아내가 있어 남편과 함께 살기를 좋
아하거든 그를 버리지 말며
13 어떤 여자에게 믿지 아니하는 남편이 있어 아
내와 함께 살기를 좋아하거든 그 남편을 버리
지 말라
14 믿지 아니하는 남편이 아내로 말미암아 거룩
하게 되고 믿지 아니하는 아내가 남편으로 말
미암아 거룩하게 되나니 그렇지 아니하면 너

년 월 일 요일

희 자녀도 깨끗하지 못하니라 그러나 이제 거
룩하니라
15 혹 믿지 아니하는 자가 갈리거든 갈리게 하라
형제나 자매나 이런 일에 구애될 것이 없느니
라 그러나 하나님은 화평 중에서 너희를 부르
셨느니라
16 아내 된 자여 네가 남편을 구원할는지 어찌 알
수 있으며 남편 된 자여 네가 네 아내를 구원
할는지 어찌 알 수 있으리요
17 오직 주께서 각 사람에게 나눠 주신 대로 하나
님이 각 사람을 부르신 그대로 행하라 내가 모
든 교회에서 이와 같이 명하노라
18 할례자로서 부르심을 받은 자가 있느냐 무할
례자가 되지 말며 무할례자로 부르심을 받은
자가 있느냐 할례를 받지 말라
19 할례 받는 것도 아무 것도 아니요 할례 받지
아니하는 것도 아무 것도 아니로되 오직 하나

단어풀이 구애(고전 7:15) : 꺼림칙하거나 어색하여 마음에 거리낌

님의 계명을 지킬 따름이니라
20 각 사람은 부르심을 받은 그 부르심 그대로
지내라
21 네가 종으로 있을 때에 부르심을 받았느냐 염
려하지 말라 그러나 네가 자유롭게 될 수 있
거든 그것을 이용하라
22 주 안에서 부르심을 받은 자는 종이라도 주께
속한 자유인이요 또 그와 같이 자유인으로 있
을 때에 부르심을 받은 자는 그리스도의 종이
니라
23 너희는 값으로 사신 것이니 사람들의 종이 되
지 말라
24 형제들아 너희는 각각 부르심을 받은 그대로
하나님과 함께 거하라

**[처녀와 과부에게 주는 권면]**

25 처녀에 대하여는 내가 주께 받은 계명이 없으
되 주의 자비하심을 받아서 충성스러운 자가

된 내가 의견을 말하노니
26 내 생각에는 이것이 좋으니 곧 임박한 환난
으로 말미암아 사람이 그냥 지내는 것이 좋
으니라
27 네가 아내에게 매였느냐 놓이기를 구하지 말
며 아내에게서 놓였느냐 아내를 구하지 말라
28 그러나 장가 가도 죄 짓는 것이 아니요 처녀
가 시집 가도 죄 짓는 것이 아니로되 이런 이
들은 육신에 고난이 있으리니 나는 너희를 아
끼노라
29 형제들아 내가 이 말을 하노니 그 때가 단축
하여진 고로 이 후부터 아내 있는 자들은 없
는 자 같이 하며
30 우는 자들은 울지 않는 자 같이 하며 기쁜 자
들은 기쁘지 않은 자 같이 하며 매매하는 자들
은 없는 자 같이 하며
31 세상 물건을 쓰는 자들은 다 쓰지 못하는 자

단어풀이 단축(고전 7:29) : 시간이나 거리가 줄어듦 | 매매(고전 7:30) : 물건을 팔고 삼

같이 하라 이 세상의 외형은 지나감이니라
32 너희가 염려 없기를 원하노라 장가 가지 않은
자는 주의 일을 염려하여 어찌하여야 주를 기
쁘시게 할까 하되
33 장가 간 자는 세상 일을 염려하여 어찌하여야
아내를 기쁘게 할까 하여
34 마음이 갈라지며 시집 가지 않은 자와 처녀는
주의 일을 염려하여 몸과 영을 다 거룩하게
하려 하되 시집 간 자는 세상 일을 염려하여
어찌하여야 남편을 기쁘게 할까 하느니라
35 내가 이것을 말함은 너희의 유익을 위함이요
너희에게 올무를 놓으려 함이 아니니 오직 너
희로 하여금 이치에 합당하게 하여 흐트러짐
이 없이 주를 섬기게 하려 함이라
36 그러므로 만일 누가 자기의 약혼녀에 대한 행
동이 합당하지 못한 줄로 생각할 때에 그 약
혼녀의 혼기도 지나고 그같이 할 필요가 있거



외형(고전 7:31) : 사물의 겉모양 | 올무(고전 7:35) : 새나 짐승을 잡기 위하여 만든 올가미 단어풀이

든 원하는 대로 하라 그것은 죄 짓는 것이 아
니니 그들로 결혼하게 하라
37 그러나 그가 마음을 정하고 또 부득이한 일도
없고 자기 뜻대로 할 권리가 있어서 그 약혼녀
를 그대로 두기로 하여도 잘하는 것이니라
38 그러므로 결혼하는 자도 잘하거니와 결혼하
지 아니하는 자는 더 잘하는 것이니라
39 아내는 그 남편이 살아 있는 동안에 매여 있다
가 남편이 죽으면 자유로워 자기 뜻대로 시집
갈 것이나 주 안에서만 할 것이니라
40 그러나 내 뜻에는 그냥 지내는 것이 더욱 복이
있으리로다 나도 또한 하나님의 영을 받은 줄
로 생각하노라

# 8

## [우상에게 바친 제물]

1 우상의 제물에 대하여는 우리가 다 지
식이 있는 줄을 아나 지식은 교만하게 하며 사

랑은 덕을 세우나니
2 만일 누구든지 무엇을 아는 줄로 생각하면 아
직도 마땅히 알 것을 알지 못하는 것이요
3 또 누구든지 하나님을 사랑하면 그 사람은 하
나님도 알아 주시느니라
4 그러므로 우상의 제물을 먹는 일에 대하여는
우리가 우상은 세상에 아무 것도 아니며 또한
하나님은 한 분밖에 없는 줄 아노라
5 비록 하늘에나 땅에나 신이라 불리는 자가 있
어 많은 신과 많은 주가 있으나
6 그러나 우리에게는 한 하나님 곧 아버지가 계
시니 만물이 그에게서 났고 우리도 그를 위하
여 있고 또한 한 주 예수 그리스도께서 계시
니 만물이 그로 말미암고 우리도 그로 말미암
아 있느니라
7 그러나 이 지식은 모든 사람에게 있는 것은
아니므로 어떤 이들은 지금까지 우상에 대한

년 월 일 요일

습관이 있어 우상의 제물로 알고 먹는 고로 그
들의 양심이 약하여지고 더러워지느니라
8 음식은 우리를 하나님 앞에 내세우지 못하나
니 우리가 먹지 않는다고 해서 더 못사는 것
도 아니고 먹는다고 해서 더 잘사는 것도 아
니니라
9 그런즉 너희의 자유가 믿음이 약한 자들에게
걸려 넘어지게 하는 것이 되지 않도록 조심
하라
10 지식 있는 네가 우상의 집에 앉아 먹는 것을 누
구든지 보면 그 믿음이 약한 자들의 양심이 담
력을 얻어 우상의 제물을 먹게 되지 않겠느냐
11 그러면 네 지식으로 그 믿음이 약한 자가 멸망
하나니 그는 그리스도께서 위하여 죽으신 형
제라
12 이같이 너희가 형제에게 죄를 지어 그 약한 양
심을 상하게 하는 것이 곧 그리스도에게 죄를

단어풀이 담력(고전 8:10) : 겁이 없고 용감한 기운

짓는 것이니라
13 그러므로 만일 음식이 내 형제를 실족하게 한
다면 나는 영원히 고기를 먹지 아니하여 내
형제를 실족하지 않게 하리라

## 9 [사도의 권리]

1 내가 자유인이 아니냐 사도가 아니냐
예수 우리 주를 보지 못하였느냐 주 안에서
행한 나의 일이 너희가 아니냐
2 다른 사람들에게는 내가 사도가 아닐지라도
너희에게는 사도이니 나의 사도 됨을 주 안에
서 인친 것이 너희라
3 나를 비판하는 자들에게 변명할 것이 이것
이니
4 우리가 먹고 마실 권리가 없겠느냐
5 우리가 다른 사도들과 주의 형제들과 게바와
같이 믿음의 자매 된 아내를 데리고 다닐 권



실족(고전 8:13) : 발을 헛디딤 단어풀이

리가 없겠느냐
6 어찌 나와 바나바만 일하지 아니할 권리가 없
겠느냐
7 누가 자기 비용으로 군 복무를 하겠느냐 누가
포도를 심고 그 열매를 먹지 않겠느냐 누가 양
떼를 기르고 그 양 떼의 젖을 먹지 않겠느냐
8 내가 사람의 예대로 이것을 말하느냐 율법도
이것을 말하지 아니하느냐
9 모세의 율법에 곡식을 밟아 떠는 소에게 망을
씌우지 말라 기록하였으니 하나님께서 어찌
소들을 위하여 염려하심이냐
10 오로지 우리를 위하여 말씀하심이 아니냐 과
연 우리를 위하여 기록된 것이니 밭 가는 자는
소망을 가지고 갈며 곡식 떠는 자는 함께 얻을
소망을 가지고 떠는 것이라
11 우리가 너희에게 신령한 것을 뿌렸은즉 너희
의 육적인 것을 거두기로 과하다 하겠느냐

12 다른 이들도 너희에게 이런 권리를 가졌거든
하물며 우리일까보냐 그러나 우리가 이 권리
를 쓰지 아니하고 범사에 참는 것은 그리스도
의 복음에 아무 장애가 없게 하려 함이로다
13 성전의 일을 하는 이들은 성전에서 나는 것을
먹으며 제단에서 섬기는 이들은 제단과 함께
나누는 것을 너희가 알지 못하느냐
14 이와 같이 주께서도 복음 전하는 자들이 복음
으로 말미암아 살리라 명하셨느니라
15 그러나 내가 이것을 하나도 쓰지 아니하였고
또 이 말을 쓰는 것은 내게 이같이 하여 달라
는 것이 아니라 내가 차라리 죽을지언정 누구
든지 내 자랑하는 것을 헛된 데로 돌리지 못
하게 하리라
16 내가 복음을 전할지라도 자랑할 것이 없음은
내가 부득불 할 일임이라 만일 복음을 전하지
아니하면 내게 화가 있을 것이로다



범사(고전 9:12) : 모든 일 단어풀이

17 내가 내 자의로 이것을 행하면 상을 얻으려니
와 내가 자의로 아니한다 할지라도 나는 사명
을 받았노라
18 그런즉 내 상이 무엇이냐 내가 복음을 전할 때
에 값없이 전하고 복음으로 말미암아 내게 있
는 권리를 다 쓰지 아니하는 이것이로다
19 내가 모든 사람에게서 자유로우나 스스로 모
든 사람에게 종이 된 것은 더 많은 사람을 얻
고자 함이라
20 유대인들에게 내가 유대인과 같이 된 것은 유
대인들을 얻고자 함이요 율법 아래에 있는 자
들에게는 내가 율법 아래에 있지 아니하나 율
법 아래에 있는 자 같이 된 것은 율법 아래에
있는 자들을 얻고자 함이요
21 율법 없는 자에게는 내가 하나님께는 율법 없
는 자가 아니요 도리어 그리스도의 율법 아래
에 있는 자이나 율법 없는 자와 같이 된 것은

단어풀이 자의(고전 9:17) : 자기의 생각이나 의견 | 권리(고전 9:18) : 당연히 요구할 수 있는 자격

율법 없는 자들을 얻고자 함이라
22 약한 자들에게 내가 약한 자와 같이 된 것은
약한 자들을 얻고자 함이요 내가 여러 사람에
게 여러 모습이 된 것은 아무쪼록 몇 사람이
라도 구원하고자 함이니
23 내가 복음을 위하여 모든 것을 행함은 복음에
참여하고자 함이라
24 운동장에서 달음질하는 자들이 다 달릴지라
도 오직 상을 받는 사람은 한 사람인 줄을 너
희가 알지 못하느냐 너희도 상을 받도록 이와
같이 달음질하라
25 이기기를 다투는 자마다 모든 일에 절제하나
니 그들은 썩을 승리자의 관을 얻고자 하되
우리는 썩지 아니할 것을 얻고자 하노라
26 그러므로 나는 달음질하기를 향방 없는 것 같
이 아니하고 싸우기를 허공을 치는 것 같이
아니하며

27 내가 내 몸을 쳐 복종하게 함은 내가 남에게
전파한 후에 자신이 도리어 버림을 당할까 두
려워함이로다

# 10

[우상 숭배하는 일을 피하라]

1 형제들아 나는 너희가 알지 못하기
를 원하지 아니하노니 우리 조상들이 다 구름
아래에 있고 바다 가운데로 지나며
2 모세에게 속하여 다 구름과 바다에서 세례를
받고
3 다 같은 신령한 음식을 먹으며
4 다 같은 신령한 음료를 마셨으니 이는 그들을
따르는 신령한 반석으로부터 마셨으매 그 반
석은 곧 그리스도시라
5 그러나 그들의 다수를 하나님이 기뻐하지 아
니하셨으므로 그들이 광야에서 멸망을 받았
느니라

단어풀이 다수(고전 10:5) : 많은 수

6 이러한 일은 우리의 본보기가 되어 우리로 하
여금 그들이 악을 즐겨 한 것 같이 즐겨 하는
자가 되지 않게 하려 함이니
7 그들 가운데 어떤 사람들과 같이 너희는 우
상 숭배하는 자가 되지 말라 기록된 바 백성
이 앉아서 먹고 마시며 일어나서 뛰논다 함과
같으니라
8 그들 중의 어떤 사람들이 음행하다가 하루에
이만 삼천 명이 죽었나니 우리는 그들과 같이
음행하지 말자
9 그들 가운데 어떤 사람들이 주를 시험하다가
뱀에게 멸망하였나니 우리는 그들과 같이 시
험하지 말자
10 그들 가운데 어떤 사람들이 원망하다가 멸망
시키는 자에게 멸망하였나니 너희는 그들과
같이 원망하지 말라
11 그들에게 일어난 이런 일은 본보기가 되고 또

한 말세를 만난 우리를 깨우치기 위하여 기록
되었느니라
12 그런즉 선 줄로 생각하는 자는 넘어질까 조심
하라
13 사람이 감당할 시험 밖에는 너희가 당한 것이
없나니 오직 하나님은 미쁘사 너희가 감당하
지 못할 시험 당함을 허락하지 아니하시고 시
험 당할 즈음에 또한 피할 길을 내사 너희로
능히 감당하게 하시느니라
14 그런즉 내 사랑하는 자들아 우상 숭배하는 일
을 피하라
15 나는 지혜 있는 자들에게 말함과 같이 하노니
너희는 내가 이르는 말을 스스로 판단하라
16 우리가 축복하는 바 축복의 잔은 그리스도의
피에 참여함이 아니며 우리가 떼는 떡은 그리
스도의 몸에 참여함이 아니냐
17 떡이 하나요 많은 우리가 한 몸이니 이는 우리

가 다 한 떡에 참여함이라
18 육신을 따라 난 이스라엘을 보라 제물을 먹는
자들이 제단에 참여하는 자들이 아니냐
19 그런즉 내가 무엇을 말하느냐 우상의 제물은
무엇이며 우상은 무엇이냐
20 무릇 이방인이 제사하는 것은 귀신에게 하는
것이요 하나님께 제사하는 것이 아니니 나는
너희가 귀신과 교제하는 자가 되기를 원하지
아니하노라
21 너희가 주의 잔과 귀신의 잔을 겸하여 마시지
못하고 주의 식탁과 귀신의 식탁에 겸하여 참
여하지 못하리라
22 그러면 우리가 주를 노여워하시게 하겠느냐
우리가 주보다 강한 자냐

[다 하나님의 영광을 위하여 하라]

23 모든 것이 가하나 모든 것이 유익한 것은 아
니요 모든 것이 가하나 모든 것이 덕을 세우

는 것은 아니니
24 누구든지 자기의 유익을 구하지 말고 남의 유
익을 구하라
25 무릇 시장에서 파는 것은 양심을 위하여 묻지
말고 먹으라
26 이는 땅과 거기 충만한 것이 주의 것임이라
27 불신자 중 누가 너희를 청할 때에 너희가 가고
자 하거든 너희 앞에 차려 놓은 것은 무엇이든
지 양심을 위하여 묻지 말고 먹으라
28 누가 너희에게 이것이 제물이라 말하거든 알
게 한 자와 그 양심을 위하여 먹지 말라
29 내가 말한 양심은 너희의 것이 아니요 남의 것
이니 어찌하여 내 자유가 남의 양심으로 말미
암아 판단을 받으리요
30 만일 내가 감사함으로 참여하면 어찌하여 내
가 감사하는 것에 대하여 비방을 받으리요
31 그런즉 너희가 먹든지 마시든지 무엇을 하든

지 다 하나님의 영광을 위하여 하라
32 유대인에게나 헬라인에게나 하나님의 교회
에나 거치는 자가 되지 말고
33 나와 같이 모든 일에 모든 사람을 기쁘게 하
여 자신의 유익을 구하지 아니하고 많은 사람
의 유익을 구하여 그들로 구원을 받게 하라

# 11

1 내가 그리스도를 본받는 자가 된 것
같이 너희는 나를 본받는 자가 되라

## [여자가 머리를 가리는 것]

2 너희가 모든 일에 나를 기억하고 또 내가 너
희에게 전하여 준 대로 그 전통을 너희가 지
키므로 너희를 칭찬하노라
3 그러나 나는 너희가 알기를 원하노니 각 남자
의 머리는 그리스도요 여자의 머리는 남자요
그리스도의 머리는 하나님이시라
4 무릇 남자로서 머리에 무엇을 쓰고 기도나

유익(고전 10:33) : 이롭거나 도움이 됨 단어풀이

예언을 하는 자는 그 머리를 욕되게 하는 것
이요
5 무릇 여자로서 머리에 쓴 것을 벗고 기도나 예
언을 하는 자는 그 머리를 욕되게 하는 것이니
이는 머리를 민 것과 다름이 없음이라
6 만일 여자가 머리를 가리지 않거든 깎을 것이
요 만일 깎거나 미는 것이 여자에게 부끄러움
이 되거든 가릴지니라
7 남자는 하나님의 형상과 영광이니 그 머리를
마땅히 가리지 않거니와 여자는 남자의 영광
이니라
8 남자가 여자에게서 난 것이 아니요 여자가 남
자에게서 났으며
9 또 남자가 여자를 위하여 지음을 받지 아니하
고 여자가 남자를 위하여 지음을 받은 것이니
10 그러므로 여자는 천사들로 말미암아 권세 아
래에 있는 표를 그 머리 위에 둘지니라

년 월 일 요일

11 그러나 주 안에는 남자 없이 여자만 있지 않
고 여자 없이 남자만 있지 아니하니라
12 이는 여자가 남자에게서 난 것 같이 남자도
여자로 말미암아 났음이라 그리고 모든 것은
하나님에게서 났느니라
13 너희는 스스로 판단하라 여자가 머리를 가리
지 않고 하나님께 기도하는 것이 마땅하냐
14 만일 남자에게 긴 머리가 있으면 자기에게 부
끄러움이 되는 것을 본성이 너희에게 가르치
지 아니하느냐
15 만일 여자가 긴 머리가 있으면 자기에게 영
광이 되나니 긴 머리는 가리는 것을 대신하여
주셨기 때문이니라
16 논쟁하려는 생각을 가진 자가 있을지라도 우
리에게나 하나님의 모든 교회에는 이런 관례
가 없느니라

관례(고전 11:16) : 예로부터 계속 전해 온 사례나 관습 단어풀이

[성만찬의 제정]

17 내가 명하는 이 일에 너희를 칭찬하지 아니하
나니 이는 너희의 모임이 유익이 못되고 도리
어 해로움이라
18 먼저 너희가 교회에 모일 때에 너희 중에 분쟁
이 있다 함을 듣고 어느 정도 믿거니와
19 너희 중에 파당이 있어야 너희 중에 옳다 인정
함을 받은 자들이 나타나게 되리라
20 그런즉 너희가 함께 모여서 주의 만찬을 먹을
수 없으니
21 이는 먹을 때에 각각 자기의 만찬을 먼저 갖
다 먹으므로 어떤 사람은 시장하고 어떤 사람
은 취함이라
22 너희가 먹고 마실 집이 없느냐 너희가 하나님
의 교회를 업신여기고 빈궁한 자들을 부끄럽
게 하느냐 내가 너희에게 무슨 말을 하랴 너희
를 칭찬하랴 이것으로 칭찬하지 않노라

단어풀이 파당(고전 11:22) : 이해를 같이하는 사람들이 뭉쳐 이룬 집단

23 내가 너희에게 전한 것은 주께 받은 것이니
곧 주 예수께서 잡히시던 밤에 떡을 가지사
24 축사하시고 떼어 이르시되 이것은 너희를 위
하는 내 몸이니 이것을 행하여 나를 기념하라
하시고
25 식후에 또한 그와 같이 잔을 가지시고 이르시
되 이 잔은 내 피로 세운 새 언약이니 이것을
행하여 마실 때마다 나를 기념하라 하셨으니
26 너희가 이 떡을 먹으며 이 잔을 마실 때마다
주의 죽으심을 그가 오실 때까지 전하는 것이
니라
27 그러므로 누구든지 주의 떡이나 잔을 합당하
지 않게 먹고 마시는 자는 주의 몸과 피에 대
하여 죄를 짓는 것이니라
28 사람이 자기를 살피고 그 후에야 이 떡을 먹
고 이 잔을 마실지니
29 주의 몸을 분별하지 못하고 먹고 마시는 자는



축사(고전 11:24) : 감사 기도 단어풀이

자기의 죄를 먹고 마시는 것이니라
30 그러므로 너희 중에 약한 자와 병든 자가 많고
잠자는 자도 적지 아니하니
31 우리가 우리를 살폈으면 판단을 받지 아니하
려니와
32 우리가 판단을 받는 것은 주께 징계를 받는 것
이니 이는 우리로 세상과 함께 정죄함을 받지
않게 하려 하심이라
33 그런즉 내 형제들아 먹으러 모일 때에 서로
기다리라
34 만일 누구든지 시장하거든 집에서 먹을지니
이는 너희의 모임이 판단 받는 모임이 되지 않
게 하려 함이라 그밖의 일들은 내가 언제든지
갈 때에 바로잡으리라

12 [성령의 은사]
1 형제들아 신령한 것에 대하여 나는

너희가 알지 못하기를 원하지 아니하노니
2 너희도 알거니와 너희가 이방인으로 있을 때
에 말 못하는 우상에게로 끄는 그대로 끌려
갔느니라
3 그러므로 내가 너희에게 알리노니 하나님의
영으로 말하는 자는 누구든지 예수를 저주할
자라 하지 아니하고 또 성령으로 아니하고는
누구든지 예수를 주시라 할 수 없느니라
4 은사는 여러 가지나 성령은 같고
5 직분은 여러 가지나 주는 같으며
6 또 사역은 여러 가지나 모든 것을 모든 사람
가운데서 이루시는 하나님은 같으니
7 각 사람에게 성령을 나타내심은 유익하게 하
려 하심이라
8 어떤 사람에게는 성령으로 말미암아 지혜의
말씀을, 어떤 사람에게는 같은 성령을 따라
지식의 말씀을,

9 다른 사람에게는 같은 성령으로 믿음을, 어떤
사람에게는 한 성령으로 병 고치는 은사를,
10 어떤 사람에게는 능력 행함을, 어떤 사람에게
는 예언함을, 어떤 사람에게는 영들 분별함을,
다른 사람에게는 각종 방언 말함을, 어떤 사람
에게는 방언들 통역함을 주시나니
11 이 모든 일은 같은 한 성령이 행하사 그의 뜻
대로 각 사람에게 나누어 주시는 것이니라

### [하나의 몸과 많은 지체]

12 몸은 하나인데 많은 지체가 있고 몸의 지체
가 많으나 한 몸임과 같이 그리스도도 그러
하니라
13 우리가 유대인이나 헬라인이나 종이나 자유
인이나 다 한 성령으로 세례를 받아 한 몸이
되었고 또 다 한 성령을 마시게 하셨느니라
14 몸은 한 지체뿐만 아니요 여럿이니
15 만일 발이 이르되 나는 손이 아니니 몸에 붙지

아니하였다 할지라도 이로써 몸에 붙지 아니
한 것이 아니요
16 또 귀가 이르되 나는 눈이 아니니 몸에 붙지
아니하였다 할지라도 이로써 몸에 붙지 아니
한 것이 아니니
17 만일 온 몸이 눈이면 듣는 곳은 어디며 온 몸
이 듣는 곳이면 냄새 맡는 곳은 어디냐
18 그러나 이제 하나님이 그 원하시는 대로 지체
를 각각 몸에 두셨으니
19 만일 다 한 지체뿐이면 몸은 어디냐
20 이제 지체는 많으나 몸은 하나라
21 눈이 손더러 내가 너를 쓸 데가 없다 하거나
또한 머리가 발더러 내가 너를 쓸 데가 없다
하지 못하리라
22 그뿐 아니라 더 약하게 보이는 몸의 지체가
도리어 요긴하고
23 우리가 몸의 덜 귀히 여기는 그것들을 더욱

귀한 것들로 입혀 주며 우리의 아름답지 못한
지체는 더욱 아름다운 것을 얻느니라 그런즉
24 우리의 아름다운 지체는 그럴 필요가 없느니
라 오직 하나님이 몸을 고르게 하여 부족한 지
체에게 귀중함을 더하사
25 몸 가운데서 분쟁이 없고 오직 여러 지체가 서
로 같이 돌보게 하셨느니라
26 만일 한 지체가 고통을 받으면 모든 지체가 함
께 고통을 받고 한 지체가 영광을 얻으면 모든
지체가 함께 즐거워하느니라
27 너희는 그리스도의 몸이요 지체의 각 부분이라
28 하나님이 교회 중에 몇을 세우셨으니 첫째는
사도요 둘째는 선지자요 셋째는 교사요 그 다
음은 능력을 행하는 자요 그 다음은 병 고치는
은사와 서로 돕는 것과 다스리는 것과 각종 방
언을 말하는 것이라
29 다 사도이겠느냐 다 선지자이겠느냐 다 교사

이겠느냐 다 능력을 행하는 자이겠느냐
30 다 병 고치는 은사를 가진 자이겠느냐 다 방
언을 말하는 자이겠느냐 다 통역하는 자이겠
느냐
31 너희는 더욱 큰 은사를 사모하라 내가 또한
가장 좋은 길을 너희에게 보이리라

# 13 [사랑]

1 내가 사람의 방언과 천사의 말을 할
지라도 사랑이 없으면 소리 나는 구리와 울리
는 꽹과리가 되고
2 내가 예언하는 능력이 있어 모든 비밀과 모든
지식을 알고 또 산을 옮길 만한 모든 믿음이
있을지라도 사랑이 없으면 내가 아무 것도 아
니요
3 내가 내게 있는 모든 것으로 구제하고 또 내
몸을 불사르게 내줄지라도 사랑이 없으면 내

꽹과리(고전 13:1) : 놋쇠로 만들어 채로 쳐서 소리를 내는 악기 단어풀이

게 아무 유익이 없느니라
4 사랑은 오래 참고 사랑은 온유하며 시기하지
아니하며 사랑은 자랑하지 아니하며 교만하
지 아니하며
5 무례히 행하지 아니하며 자기의 유익을 구하
지 아니하며 성내지 아니하며 악한 것을 생각
하지 아니하며
6 불의를 기뻐하지 아니하며 진리와 함께 기뻐
하고
7 모든 것을 참으며 모든 것을 믿으며 모든 것을
바라며 모든 것을 견디느니라
8 사랑은 언제까지나 떨어지지 아니하되 예언
도 폐하고 방언도 그치고 지식도 폐하리라
9 우리는 부분적으로 알고 부분적으로 예언하니
10 온전한 것이 올 때에는 부분적으로 하던 것이
폐하리라
11 내가 어렸을 때에는 말하는 것이 어린 아이와

같고 깨닫는 것이 어린 아이와 같고 생각하는
것이 어린 아이와 같다가 장성한 사람이 되어
서는 어린 아이의 일을 버렸노라
12 우리가 지금은 거울로 보는 것 같이 희미하나
그 때에는 얼굴과 얼굴을 대하여 볼 것이요
지금은 내가 부분적으로 아나 그 때에는 주께
서 나를 아신 것 같이 내가 온전히 알리라
13 그런즉 믿음, 소망, 사랑, 이 세 가지는 항상
있을 것인데 그 중의 제일은 사랑이라

# 14

### [방언과 예언]

1 사랑을 추구하며 신령한 것들을 사
모하되 특별히 예언을 하려고 하라
2 방언을 말하는 자는 사람에게 하지 아니하고
하나님께 하나니 이는 알아 듣는 자가 없고
영으로 비밀을 말함이라
3 그러나 예언하는 자는 사람에게 말하여 덕을



장성한(고전 13:11) : 자라서 어른이 | 추구(고전 14:1) : 목적을 이룰 때까지 뒤좇아 구함 단어풀이

세우며 권면하며 위로하는 것이요
4 방언을 말하는 자는 자기의 덕을 세우고 예언
하는 자는 교회의 덕을 세우나니
5 나는 너희가 다 방언 말하기를 원하나 특별히
예언하기를 원하노라 만일 방언을 말하는 자
가 통역하여 교회의 덕을 세우지 아니하면 예
언하는 자만 못하니라
6 그런즉 형제들아 내가 너희에게 나아가서 방
언으로 말하고 계시나 지식이나 예언이나 가
르치는 것으로 말하지 아니하면 너희에게 무
엇이 유익하리요
7 혹 피리나 거문고와 같이 생명 없는 것이 소리
를 낼 때에 그 음의 분별을 나타내지 아니하면
피리 부는 것인지 거문고 타는 것인지 어찌 알
게 되리요
8 만일 나팔이 분명하지 못한 소리를 내면 누가
전투를 준비하리요

9 이와 같이 너희도 혀로써 알아 듣기 쉬운 말
을 하지 아니하면 그 말하는 것을 어찌 알리
요 이는 허공에다 말하는 것이라
10 이같이 세상에 소리의 종류가 많으나 뜻 없는
소리는 없나니
11 그러므로 내가 그 소리의 뜻을 알지 못하면
내가 말하는 자에게 외국인이 되고 말하는 자
도 내게 외국인이 되리니
12 그러므로 너희도 영적인 것을 사모하는 자인
즉 교회의 덕을 세우기 위하여 그것이 풍성하
기를 구하라
13 그러므로 방언을 말하는 자는 통역하기를 기
도할지니
14 내가 만일 방언으로 기도하면 나의 영이 기도
하거니와 나의 마음은 열매를 맺지 못하리라
15 그러면 어떻게 할까 내가 영으로 기도하고 또
마음으로 기도하며 내가 영으로 찬송하고 또

마음으로 찬송하리라
16 그렇지 아니하면 네가 영으로 축복할 때에 알
지 못하는 처지에 있는 자가 네가 무슨 말을
하는지 알지 못하고 네 감사에 어찌 아멘 하
리요
17 너는 감사를 잘하였으나 그러나 다른 사람은
덕 세움을 받지 못하리라
18 내가 너희 모든 사람보다 방언을 더 말하므로
하나님께 감사하노라
19 그러나 교회에서 네가 남을 가르치기 위하여
깨달은 마음으로 다섯 마디 말을 하는 것이 일
만 마디 방언으로 말하는 것보다 나으니라
20 형제들아 지혜에는 아이가 되지 말고 악에는
어린 아이가 되라 지혜에는 장성한 사람이
되라
21 율법에 기록된 바 주께서 이르시되 내가 다른
방언을 말하는 자와 다른 입술로 이 백성에게

단어풀이 처지(고전 14:16) : 처하여 있는 사정이나 형편

말할지라도 그들이 여전히 듣지 아니하리라
하였으니
22 그러므로 방언은 믿는 자들을 위하지 아니하
고 믿지 아니하는 자들을 위하는 표적이나 예
언은 믿지 아니하는 자들을 위하지 않고 믿는
자들을 위함이니라
23 그러므로 온 교회가 함께 모여 다 방언으로
말하면 알지 못하는 자들이나 믿지 아니하는
자들이 들어와서 너희를 미쳤다 하지 아니하
겠느냐
24 그러나 다 예언을 하면 믿지 아니하는 자들이
나 알지 못하는 자들이 들어와서 모든 사람에
게 책망을 들으며 모든 사람에게 판단을 받고
25 그 마음의 숨은 일들이 드러나게 되므로 엎드
리어 하나님께 경배하며 하나님이 참으로 너
희 가운데 계신다 전파하리라

[차례를 따라 하라]

26 그런즉 형제들아 어찌할까 너희가 모일 때에
각각 찬송시도 있으며 가르치는 말씀도 있으
며 계시도 있으며 방언도 있으며 통역함도 있
나니 모든 것을 덕을 세우기 위하여 하라
27 만일 누가 방언으로 말하거든 두 사람이나 많
아야 세 사람이 차례를 따라 하고 한 사람이
통역할 것이요
28 만일 통역하는 자가 없으면 교회에서는 잠잠
하고 자기와 하나님께 말할 것이요
29 예언하는 자는 둘이나 셋이나 말하고 다른 이
들은 분별할 것이요
30 만일 곁에 앉아 있는 다른 이에게 계시가 있으
면 먼저 하던 자는 잠잠할지니라
31 너희는 다 모든 사람으로 배우게 하고 모든 사
람으로 권면을 받게 하기 위하여 하나씩 하나
씩 예언할 수 있느니라

단어풀이 권면(고전 14:31) : 알아듣도록 권하고 격려하여 힘쓰게 함

32 예언하는 자들의 영은 예언하는 자들에게 제
재를 받나니
33 하나님은 무질서의 하나님이 아니시요 오직
화평의 하나님이시니라 모든 성도가 교회에
서 함과 같이
34 여자는 교회에서 잠잠하라 그들에게는 말하
는 것을 허락함이 없나니 율법에 이른 것 같
이 오직 복종할 것이요
35 만일 무엇을 배우려거든 집에서 자기 남편에
게 물을지니 여자가 교회에서 말하는 것은 부
끄러운 것이라
36 하나님의 말씀이 너희로부터 난 것이냐 또는
너희에게만 임한 것이냐
37 만일 누구든지 자기를 선지자나 혹은 신령한
자로 생각하거든 내가 너희에게 편지하는 이
글이 주의 명령인 줄 알라
38 만일 누구든지 알지 못하면 그는 알지 못한



제재(고전 14:32) : 일정한 규칙이나 관습의 위반에 대하여 제한하거나 금지함 단어풀이

자니라
39 그런즉 내 형제들아 예언하기를 사모하며 방
언 말하기를 금하지 말라
40 모든 것을 품위 있게 하고 질서 있게 하라

15 [그리스도의 부활]
1 형제들아 내가 너희에게 전한 복음
을 너희에게 알게 하노니 이는 너희가 받은 것
이요 또 그 가운데 선 것이라
2 너희가 만일 내가 전한 그 말을 굳게 지키고
헛되이 믿지 아니하였으면 그로 말미암아 구
원을 받으리라
3 내가 받은 것을 먼저 너희에게 전하였노니 이
는 성경대로 그리스도께서 우리 죄를 위하여
죽으시고
4 장사 지낸 바 되셨다가 성경대로 사흘 만에 다
시 살아나사

5 게바에게 보이시고 후에 열두 제자에게와
6 그 후에 오백여 형제에게 일시에 보이셨나니
그 중에 지금까지 대다수는 살아 있고 어떤
사람은 잠들었으며
7 그 후에 야고보에게 보이셨으며 그 후에 모든
사도에게와
8 맨 나중에 만삭되지 못하여 난 자 같은 내게
도 보이셨느니라
9 나는 사도 중에 가장 작은 자라 나는 하나님
의 교회를 박해하였으므로 사도라 칭함 받기
를 감당하지 못할 자니라
10 그러나 내가 나 된 것은 하나님의 은혜로 된
것이니 내게 주신 그의 은혜가 헛되지 아니하
여 내가 모든 사도보다 더 많이 수고하였으나
내가 한 것이 아니요 오직 나와 함께 하신 하
나님의 은혜로라
11 그러므로 나나 그들이나 이같이 전파하매 너



만삭(고전 15:8) : 아이 낳을 달이 다 참 | 박해(고전 15:9) : 못살게 굴어서 해롭게 함 단어풀이

희도 이같이 믿었느니라

**[죽음 사람의 부활]**

12 그리스도께서 죽은 자 가운데서 다시 살아나
셨다 전파되었거늘 너희 중에서 어떤 사람들
은 어찌하여 죽은 자 가운데서 부활이 없다 하
느냐
13 만일 죽은 자의 부활이 없으면 그리스도도 다
시 살아나지 못하셨으리라
14 그리스도께서 만일 다시 살아나지 못하셨으
면 우리가 전파하는 것도 헛것이요 또 너희 믿
음도 헛것이며
15 또 우리가 하나님의 거짓 증인으로 발견되리
니 우리가 하나님이 그리스도를 다시 살리셨
다고 증언하였음이라 만일 죽은 자가 다시 살
아나는 일이 없으면 하나님이 그리스도를 다
시 살리지 아니하셨으리라
16 만일 죽은 자가 다시 살아나는 일이 없으면 그

리스도도 다시 살아나신 일이 없었을 터이요
17 그리스도께서 다시 살아나신 일이 없으면 너
희의 믿음도 헛되고 너희가 여전히 죄 가운데
있을 것이요
18 또한 그리스도 안에서 잠자는 자도 망하였으
리니
19 만일 그리스도 안에서 우리가 바라는 것이 다
만 이 세상의 삶뿐이면 모든 사람 가운데 우
리가 더욱 불쌍한 자이리라
20 그러나 이제 그리스도께서 죽은 자 가운데서
다시 살아나사 잠자는 자들의 첫 열매가 되셨
도다
21 사망이 한 사람으로 말미암았으니 죽은 자의
부활도 한 사람으로 말미암는도다
22 아담 안에서 모든 사람이 죽은 것 같이 그리
스도 안에서 모든 사람이 삶을 얻으리라
23 그러나 각각 자기 차례대로 되리니 먼저는 첫

열매인 그리스도요 다음에는 그가 강림하실
때에 그리스도에게 속한 자요
24 그 후에는 마지막이니 그가 모든 통치와 모든
권세와 능력을 멸하시고 나라를 아버지 하나
님께 바칠 때라
25 그가 모든 원수를 그 발 아래에 둘 때까지 반
드시 왕 노릇 하시리니
26 맨 나중에 멸망 받을 원수는 사망이니라
27 만물을 그의 발 아래에 두셨다 하셨으니 만물
을 아래에 둔다 말씀하실 때에 만물을 그의 아
래에 두신 이가 그 중에 들지 아니한 것이 분
명하도다
28 만물을 그에게 복종하게 하실 때에는 아들 자
신도 그 때에 만물을 자기에게 복종하게 하신
이에게 복종하게 되리니 이는 하나님이 만유
의 주로서 만유 안에 계시려 하심이라
29 만일 죽은 자들이 도무지 다시 살아나지 못하

단어풀이 강림(고전 15:23) : 예수 그리스도가 구원을 완성하기 위해 세상에 다시 오심

면 죽은 자들을 위하여 세례를 받는 자들이
무엇을 하겠느냐 어찌하여 그들을 위하여 세
례를 받느냐
30 또 어찌하여 우리가 언제나 위험을 무릅쓰
리요
31 형제들아 내가 그리스도 예수 우리 주 안에서
가진 바 너희에 대한 나의 자랑을 두고 단언
하노니 나는 날마다 죽노라
32 내가 사람의 방법으로 에베소에서 맹수와 더
불어 싸웠다면 내게 무슨 유익이 있으리요 죽
은 자가 다시 살아나지 못한다면 내일 죽을
터이니 먹고 마시자 하리라
33 속지 말라 악한 동무들은 선한 행실을 더럽히
나니
34 깨어 의를 행하고 죄를 짓지 말라 하나님을
알지 못하는 자가 있기로 내가 너희를 부끄럽
게 하기 위하여 말하노라



단언(고전 15:31) : 머뭇거리지 않고 딱 잘라서 말함 단어풀이

### [몸의 부활]

35 누가 묻기를 죽은 자들이 어떻게 다시 살아나
며 어떠한 몸으로 오느냐 하리니
36 어리석은 자여 네가 뿌리는 씨가 죽지 않으면
살아나지 못하겠고
37 또 네가 뿌리는 것은 장래의 형체를 뿌리는 것
이 아니요 다만 밀이나 다른 것의 알맹이 뿐
이로되
38 하나님이 그 뜻대로 그에게 형체를 주시되 각
종자에게 그 형체를 주시느니라
39 육체는 다 같은 육체가 아니니 하나는 사람의
육체요 하나는 짐승의 육체요 하나는 새의 육
체요 하나는 물고기의 육체라
40 하늘에 속한 형체도 있고 땅에 속한 형체도 있
으나 하늘에 속한 것의 영광이 따로 있고 땅에
속한 것의 영광이 따로 있으니
41 해의 영광이 다르고 달의 영광이 다르며 별의

단어풀이 형체(고전 15:37) : 사물의 모양과 바탕 | 종자(고전 15:38) : 고유한 몸

영광도 다른데 별과 별의 영광이 다르도다
42 죽은 자의 부활도 그와 같으니 썩을 것으로
심고 썩지 아니할 것으로 다시 살아나며
43 욕된 것으로 심고 영광스러운 것으로 다시 살
아나며 약한 것으로 심고 강한 것으로 다시
살아나며
44 육의 몸으로 심고 신령한 몸으로 다시 살아나
나니 육의 몸이 있은즉 또 영의 몸도 있느니라
45 기록된 바 첫 사람 아담은 생령이 되었다 함
과 같이 마지막 아담은 살려 주는 영이 되었
나니
46 그러나 먼저는 신령한 사람이 아니요 육의 사
람이요 그 다음에 신령한 사람이니라
47 첫 사람은 땅에서 났으니 흙에 속한 자이거니
와 둘째 사람은 하늘에서 나셨느니라
48 무릇 흙에 속한 자들은 저 흙에 속한 자와 같
고 무릇 하늘에 속한 자들은 저 하늘에 속한

이와 같으니

49 우리가 흙에 속한 자의 형상을 입은 것 같이

또한 하늘에 속한 이의 형상을 입으리라

50 형제들아 내가 이것을 말하노니 혈과 육은 하

나님 나라를 이어 받을 수 없고 또한 썩는 것

은 썩지 아니하는 것을 유업으로 받지 못하느

니라

51 보라 내가 너희에게 비밀을 말하노니 우리가

다 잠 잘 것이 아니요 마지막 나팔에 순식간에

홀연히 다 변화되리니

52 나팔 소리가 나매 죽은 자들이 썩지 아니할 것

으로 다시 살아나고 우리도 변화되리라

53 이 썩을 것이 반드시 썩지 아니할 것을 입겠고

이 죽을 것이 죽지 아니함을 입으리로다

54 이 썩을 것이 썩지 아니함을 입고 이 죽을 것

이 죽지 아니함을 입을 때에는 사망을 삼키고

이기리라고 기록된 말씀이 이루어지리라

55 사망아 너의 승리가 어디 있느냐 사망아 네가
쏘는 것이 어디 있느냐
56 사망이 쏘는 것은 죄요 죄의 권능은 율법이라
57 우리 주 예수 그리스도로 말미암아 우리에게
승리를 주시는 하나님께 감사하노니
58 그러므로 내 사랑하는 형제들아 견실하며 흔
들리지 말고 항상 주의 일에 더욱 힘쓰는 자
들이 되라 이는 너희 수고가 주 안에서 헛되
지 않은 줄 앎이라

# 16

**[성도를 위한 연보]**

1 성도를 위하는 연보에 관하여는 내
가 갈라디아 교회들에게 명한 것 같이 너희도
그렇게 하라
2 매주 첫날에 너희 각 사람이 수입에 따라 모아
두어서 내가 갈 때에 연보를 하지 않게 하라
3 내가 이를 때에 너희가 인정한 사람에게 편지

견실(고전 15:58) : 굳건하고 튼튼함 단어풀이

를 주어 너희의 은혜를 예루살렘으로 가지고
가게 하리니
4 만일 나도 가는 것이 합당하면 그들이 나와 함
께 가리라
5 내가 마게도냐를 지날 터이니 마게도냐를 지
난 후에 너희에게 가서
6 혹 너희와 함께 머물며 겨울을 지낼 듯도 하니
이는 너희가 나를 내가 갈 곳으로 보내어 주게
하려 함이라
7 이제는 지나는 길에 너희 보기를 원하지 아니
하노니 이는 만일 주께서 허락하시면 얼마 동
안 너희와 함께 머물기를 바람이라
8 내가 오순절까지 에베소에 머물려 함은
9 내게 광대하고 유효한 문이 열렸으나 대적하
는 자가 많음이라
10 디모데가 이르거든 너희는 조심하여 그로 두
려움이 없이 너희 가운데 있게 하라 이는 그도

단어풀이 광대하고(고전 16:9) : **넓고 큼** | 유효한 문(고전 16:9) : **기회의 문**

년 월 일 요일

나와 같이 주의 일을 힘쓰는 자임이라
11 그러므로 누구든지 그를 멸시하지 말고 평안
히 보내어 내게로 오게 하라 나는 그가 형제
들과 함께 오기를 기다리노라
12 형제 아볼로에 대하여는 그에게 형제들과 함
께 너희에게 가라고 내가 많이 권하였으되 지
금은 갈 뜻이 전혀 없으나 기회가 있으면 가
리라

**[권면과 끝 인사]**

13 깨어 믿음에 굳게 서서 남자답게 강건하라
14 너희 모든 일을 사랑으로 행하라
15 형제들아 스데바나의 집은 곧 아가야의 첫 열
매요 또 성도 섬기기로 작정한 줄을 너희가
아는지라 내가 너희를 권하노니
16 이같은 사람들과 또 함께 일하며 수고하는 모
든 사람에게 순종하라
17 내가 스데바나와 브드나도와 아가이고가 온



멸시(고전 16:11) : 업신여기거나 하찮게 여겨 깔봄 단어풀이

것을 기뻐하노니 그들이 너희의 부족한 것을
채웠음이라
18 그들이 나와 너희 마음을 시원하게 하였으니
그러므로 너희는 이런 사람들을 알아 주라
19 아시아의 교회들이 너희에게 문안하고 아굴
라와 브리스가와 그 집에 있는 교회가 주 안
에서 너희에게 간절히 문안하고
20 모든 형제도 너희에게 문안하니 너희는 거룩
하게 입맞춤으로 서로 문안하라
21 나 바울은 친필로 너희에게 문안하노니
22 만일 누구든지 주를 사랑하지 아니하면 저주
를 받을지어다 우리 주여 오시옵소서
23 주 예수 그리스도의 은혜가 너희와 함께 하고
24 나의 사랑이 그리스도 예수 안에서 너희 무리
와 함께 할지어다

단어풀이 문안(고전 16:19) : 안부를 여쭘

년 월 일 요일

# 고린도후서

(1-13장)

1

**[고난과 위로와 구원과 감사]**

1 하나님의 뜻으로 말미암아 그리스도
예수의 사도 된 바울과 형제 디모데는 고린
도에 있는 하나님의 교회와 또 온 아가야에
있는 모든 성도에게
2 하나님 우리 아버지와 주 예수 그리스도로부
터 은혜와 평강이 있기를 원하노라
3 찬송하리로다 그는 우리 주 예수 그리스도의
하나님이시요 자비의 아버지시요 모든 위로
의 하나님이시며
4 우리의 모든 환난 중에서 우리를 위로하사 우
리로 하여금 하나님께 받는 위로로써 모든 환
난 중에 있는 자들을 능히 위로하게 하시는
이시로다
5 그리스도의 고난이 우리에게 넘친 것 같이 우

리가 받는 위로도 그리스도로 말미암아 넘치
는도다
6 우리가 환난 당하는 것도 너희가 위로와 구원
을 받게 하려는 것이요 우리가 위로를 받는 것
도 너희가 위로를 받게 하려는 것이니 이 위로
가 너희 속에 역사하여 우리가 받는 것 같은
고난을 너희도 견디게 하느니라
7 너희를 위한 우리의 소망이 견고함은 너희가
고난에 참여하는 자가 된 것 같이 위로에도 그
러할 줄을 앎이라
8 형제들아 우리가 아시아에서 당한 환난을 너
희가 모르기를 원하지 아니하노니 힘에 겹도
록 심한 고난을 당하여 살 소망까지 끊어지고
9 우리는 우리 자신이 사형 선고를 받은 줄 알
았으니 이는 우리로 자기를 의지하지 말고 오
직 죽은 자를 다시 살리시는 하나님만 의지하
게 하심이라

년 월 일 요일

10 그가 이같이 큰 사망에서 우리를 건지셨고 또
건지실 것이며 이 후에도 건지시기를 그에게
바라노라

11 너희도 우리를 위하여 간구함으로 도우라 이
는 우리가 많은 사람의 기도로 얻은 은사로
말미암아 많은 사람이 우리를 위하여 감사하
게 하려 함이라

[고린도 교회의 방문을 연기하다]

12 우리가 세상에서 특별히 너희에 대하여 하나
님의 거룩함과 진실함으로 행하되 육체의 지
혜로 하지 아니하고 하나님의 은혜로 행함은
우리 양심이 증언하는 바니 이것이 우리의 자
랑이라

13 오직 너희가 읽고 아는 것 외에 우리가 다른
것을 쓰지 아니하노니 너희가 완전히 알기를
내가 바라는 것은

14 너희가 우리를 부분적으로 알았으나 우리 주

년 월 일 요일

예수의 날에는 너희가 우리의 자랑이 되고 우
리가 너희의 자랑이 되는 그것이라
15 내가 이 확신을 가지고 너희로 두 번 은혜를
얻게 하기 위하여 먼저 너희에게 이르렀다가
16 너희를 지나 마게도냐로 갔다가 다시 마게도
냐에서 너희에게 가서 너희의 도움으로 유대
로 가기를 계획하였으니
17 이렇게 계획할 때에 어찌 경솔히 하였으리요
혹 계획하기를 육체를 따라 계획하여 예 예 하
면서 아니라 아니라 하는 일이 내게 있겠느냐
18 하나님은 미쁘시니라 우리가 너희에게 한 말
은 예 하고 아니라 함이 없노라
19 우리 곧 나와 실루아노와 디모데로 말미암아
너희 가운데 전파된 하나님의 아들 예수 그리
스도는 예 하고 아니라 함이 되지 아니하셨으
니 그에게는 예만 되었느니라
20 하나님의 약속은 얼마든지 그리스도 안에서

단어풀이 경솔히(고후 1:17) : 조심성 없이 가벼운 말이나 행동으로

예가 되니 그런즉 그로 말미암아 우리가 아멘
하여 하나님께 영광을 돌리게 되느니라
21 우리를 너희와 함께 그리스도 안에서 굳건하
게 하시고 우리에게 기름을 부으신 이는 하나
님이시니
22 그가 또한 우리에게 인치시고 보증으로 우리
마음에 성령을 주셨느니라
23 내가 내 목숨을 걸고 하나님을 불러 증언하
시게 하노니 내가 다시 고린도에 가지 아니한
것은 너희를 아끼려 함이라
24 우리가 너희 믿음을 주관하려는 것이 아니요
오직 너희 기쁨을 돕는 자가 되려 함이니 이
는 너희가 믿음에 섰음이라

2

1 내가 다시는 너희에게 근심 중에 나아
가지 아니하기로 스스로 결심하였노니
2 내가 너희를 근심하게 한다면 내가 근심하게



주관(고후 1:24) : 자기의 견해나 관점 단어풀이

한 자밖에 나를 기쁘게 할 자가 누구냐
3 내가 이같이 쓴 것은 내가 갈 때에 마땅히 나
를 기쁘게 할 자로부터 도리어 근심을 얻을까
염려함이요 또 너희 모두에 대한 나의 기쁨이
너희 모두의 기쁨인 줄 확신함이로라
4 내가 마음에 큰 눌림과 걱정이 있어 많은 눈물
로 너희에게 썼노니 이는 너희로 근심하게 하
려 한 것이 아니요 오직 내가 너희를 향하여 넘
치는 사랑이 있음을 너희로 알게 하려 함이라

**[근심하게 한 사람을 용서하라]**

5 근심하게 한 자가 있었을지라도 나를 근심하
게 한 것이 아니요 어느 정도 너희 모두를 근
심하게 한 것이니 어느 정도라 함은 내가 너무
지나치게 말하지 아니하려 함이라
6 이러한 사람은 많은 사람에게서 벌 받는 것이
마땅하도다
7 그런즉 너희는 차라리 그를 용서하고 위로할

것이니 그가 너무 많은 근심에 잠길까 두려워
하노라
8 그러므로 너희를 권하노니 사랑을 그들에게
나타내라
9 너희가 범사에 순종하는지 그 증거를 알고자
하여 내가 이것을 너희에게 썼노라
10 너희가 무슨 일에든지 누구를 용서하면 나도
그리하고 내가 만일 용서한 일이 있으면 용서
한 그것은 너희를 위하여 그리스도 앞에서 한
것이니
11 이는 우리로 사탄에게 속지 않게 하려 함이라
우리는 그 계책을 알지 못하는 바가 아니로라

### [그리스도의 향기]

12 내가 그리스도의 복음을 위하여 드로아에 이
르매 주 안에서 문이 내게 열렸으되
13 내가 내 형제 디도를 만나지 못하므로 내 심
령이 편하지 못하여 그들을 작별하고 마게도

계책(고후 2:11) : 어떤 일을 이루기 위해 궁리해 낸 꾀나 술책 단어풀이

나로 갔노라
14 항상 우리를 그리스도 안에서 이기게 하시고
우리로 말미암아 각처에서 그리스도를 아는
냄새를 나타내시는 하나님께 감사하노라
15 우리는 구원 받는 자들에게나 망하는 자들에
게나 하나님 앞에서 그리스도의 향기니
16 이 사람에게는 사망으로부터 사망에 이르는
냄새요 저 사람에게는 생명으로부터 생명에
이르는 냄새라 누가 이 일을 감당하리요
17 우리는 수많은 사람들처럼 하나님의 말씀을
혼잡하게 하지 아니하고 곧 순전함으로 하나
님께 받은 것 같이 하나님 앞에서와 그리스도
안에서 말하노라

# 3

[새 언약의 일꾼들]

1 우리가 다시 자천하기를 시작하겠느
나 우리가 어찌 어떤 사람처럼 추천서를 너희

단어풀이 혼잡(고후 2:17) : 여럿이 한데 뒤섞이어 어수선함 | 자천(고후 3:1) : 자기를 추천함

에게 부치거나 혹은 너희에게 받거나 할 필요
가 있느냐
2 너희는 우리의 편지라 우리 마음에 썼고 뭇
사람이 알고 읽는 바라
3 너희는 우리로 말미암아 나타난 그리스도의
편지니 이는 먹으로 쓴 것이 아니요 오직 살아
계신 하나님의 영으로 쓴 것이며 또 돌판에 쓴
것이 아니요 오직 육의 마음판에 쓴 것이라
4 우리가 그리스도로 말미암아 하나님을 향하
여 이같은 확신이 있으니
5 우리가 무슨 일이든지 우리에게서 난 것 같이
스스로 만족할 것이 아니니 우리의 만족은 오
직 하나님으로부터 나느니라
6 그가 또한 우리를 새 언약의 일꾼 되기에 만
족하게 하셨으니 율법 조문으로 하지 아니하
고 오직 영으로 함이니 율법 조문은 죽이는
것이요 영은 살리는 것이니라

7 돌에 써서 새긴 죽게 하는 율법 조문의 직분도
영광이 있어 이스라엘 자손들은 모세의 얼굴
의 없어질 영광 때문에도 그 얼굴을 주목하지
못하였거든
8 하물며 영의 직분은 더욱 영광이 있지 아니하
겠느냐
9 정죄의 직분도 영광이 있은즉 의의 직분은 영
광이 더욱 넘치리라
10 영광되었던 것이 더 큰 영광으로 말미암아 이
에 영광될 것이 없으나
11 없어질 것도 영광으로 말미암았은즉 길이 있
을 것은 더욱 영광 가운데 있느니라
12 우리가 이같은 소망이 있으므로 담대히 말하
노니
13 우리는 모세가 이스라엘 자손들에게 장차 없
어질 것의 결국을 주목하지 못하게 하려고 수
건을 그 얼굴에 쓴 것 같이 아니하노라

단어풀이 주목(고후 3:7) : 관심을 가지고 주의 깊게 살핌

14 그러나 그들의 마음이 완고하여 오늘까지도
구약을 읽을 때에 그 수건이 벗겨지지 아니하
고 있으니 그 수건은 그리스도 안에서 없어질
것이라
15 오늘까지 모세의 글을 읽을 때에 수건이 그
마음을 덮었도다
16 그러나 언제든지 주께로 돌아가면 그 수건이
벗겨지리라
17 주는 영이시니 주의 영이 계신 곳에는 자유가
있느니라
18 우리가 다 수건을 벗은 얼굴로 거울을 보는
것 같이 주의 영광을 보매 그와 같은 형상으
로 변화하여 영광에서 영광에 이르니 곧 주의
영으로 말미암음이니라

# 4

**[질그릇에 담긴 보배]**

1 그러므로 우리가 이 직분을 받아 긍휼



완고(고후 3:14) : 융통성이 없고 고집이 셈 단어풀이

년 월 일 요일

하심을 입은 대로 낙심하지 아니하고
2 이에 숨은 부끄러움의 일을 버리고 속임으로
행하지 아니하며 하나님의 말씀을 혼잡하게
하지 아니하고 오직 진리를 나타냄으로 하나
님 앞에서 각 사람의 양심에 대하여 스스로 추
천하노라
3 만일 우리의 복음이 가리었으면 망하는 자들
에게 가리어진 것이라
4 그 중에 이 세상의 신이 믿지 아니하는 자들의
마음을 혼미하게 하여 그리스도의 영광의 복
음의 광채가 비치지 못하게 함이니 그리스도
는 하나님의 형상이니라
5 우리는 우리를 전파하는 것이 아니라 오직 그
리스도 예수의 주 되신 것과 또 예수를 위하여
우리가 너희의 종 된 것을 전파함이라
6 어두운 데에 빛이 비치라 말씀하셨던 그 하나
님께서 예수 그리스도의 얼굴에 있는 하나님의

단어풀이 혼미(고후 4:4) : 정신이 헛갈리고 의식이 흐린 상태

영광을 아는 빛을 우리 마음에 비추셨느니라
7 우리가 이 보배를 질그릇에 가졌으니 이는 심
히 큰 능력은 하나님께 있고 우리에게 있지
아니함을 알게 하려 함이라
8 우리가 사방으로 우겨쌈을 당하여도 싸이지
아니하며 답답한 일을 당하여도 낙심하지 아
니하며
9 박해를 받아도 버린 바 되지 아니하며 거꾸러
뜨림을 당하여도 망하지 아니하고
10 우리가 항상 예수의 죽음을 몸에 짊어짐은 예
수의 생명이 또한 우리 몸에 나타나게 하려
함이라
11 우리 살아 있는 자가 항상 예수를 위하여 죽
음에 넘겨짐은 예수의 생명이 또한 우리 죽을
육체에 나타나게 하려 함이라
12 그런즉 사망은 우리 안에서 역사하고 생명은
너희 안에서 역사하느니라



질그릇(고후 4:7) : 진흙만으로 구워 만든 그릇 단어풀이

년 월 일 요일

13 기록된 바 내가 믿었으므로 말하였다 한 것 같
이 우리가 같은 믿음의 마음을 가졌으니 우리
도 믿었으므로 또한 말하노라
14 주 예수를 다시 살리신 이가 예수와 함께 우리
도 다시 살리사 너희와 함께 그 앞에 서게 하
실 줄을 아노라
15 이는 모든 것이 너희를 위함이니 많은 사람의
감사로 말미암아 은혜가 더하여 넘쳐서 하나
님께 영광을 돌리게 하려 함이라

**[겉사람과 속사람]**

16 그러므로 우리가 낙심하지 아니하노니 우리
의 겉사람은 낡아지나 우리의 속사람은 날로
새로워지도다
17 우리가 잠시 받는 환난의 경한 것이 지극히 크
고 영원한 영광의 중한 것을 우리에게 이루게
함이니
18 우리가 주목하는 것은 보이는 것이 아니요 보

단어풀이 경한 것(고후 4:17) : 가벼운 것

이지 않는 것이니 보이는 것은 잠깐이요 보이
지 않는 것은 영원함이라

5 1 만일 땅에 있는 우리의 장막 집이 무
너지면 하나님께서 지으신 집 곧 손으
로 지은 것이 아니요 하늘에 있는 영원한 집
이 우리에게 있는 줄 아느니라
2 참으로 우리가 여기 있어 탄식하며 하늘로부
터 오는 우리 처소로 덧입기를 간절히 사모하
노라
3 이렇게 입음은 우리가 벗은 자들로 발견되지
않으려 함이라
4 참으로 이 장막에 있는 우리가 짐진 것 같이
탄식하는 것은 벗고자 함이 아니요 오히려 덧
입고자 함이니 죽을 것이 생명에 삼킨 바 되
게 하려 함이라
5 곧 이것을 우리에게 이루게 하시고 보증으로



처소(고후 5:2) : 사람이 사는 집 단어풀이

성령을 우리에게 주신 이는 하나님이시니라
6 그러므로 우리가 항상 담대하여 몸으로 있을
때에는 주와 따로 있는 줄을 아노니
7 이는 우리가 믿음으로 행하고 보는 것으로 행
하지 아니함이로라
8 우리가 담대하여 원하는 바는 차라리 몸을 떠
나 주와 함께 있는 그것이라
9 그런즉 우리는 몸으로 있든지 떠나든지 주를
기쁘시게 하는 자가 되기를 힘쓰노라
10 이는 우리가 다 반드시 그리스도의 심판대 앞
에 나타나게 되어 각각 선악간에 그 몸으로 행
한 것을 따라 받으려 함이라

**[화목하게 하는 직분]**

11 우리는 주의 두려우심을 알므로 사람들을 권
면하거니와 우리가 하나님 앞에 알리어졌으니
또 너희의 양심에도 알리어지기를 바라노라
12 우리가 다시 너희에게 자천하는 것이 아니요

단어풀이 권면(고후 5:11) : 알아듣도록 타일러서 힘쓰게 함

년 월 일 요일

오직 우리로 말미암아 자랑할 기회를 너희에
게 주어 마음으로 하지 않고 외모로 자랑하는
자들에게 대답하게 하려 하는 것이라
13 우리가 만일 미쳤어도 하나님을 위한 것이요
정신이 온전하여도 너희를 위한 것이니
14 그리스도의 사랑이 우리를 강권하시는도다
우리가 생각하건대 한 사람이 모든 사람을 대
신하여 죽었은즉 모든 사람이 죽은 것이라
15 그가 모든 사람을 대신하여 죽으심은 살아 있
는 자들로 하여금 다시는 그들 자신을 위하여
살지 않고 오직 그들을 대신하여 죽었다가 다
시 살아나신 이를 위하여 살게 하려 함이라
16 그러므로 우리가 이제부터는 어떤 사람도 육
신을 따라 알지 아니하노라 비록 우리가 그리
스도도 육신을 따라 알았으나 이제부터는 그
같이 알지 아니하노라
17 그런즉 누구든지 그리스도 안에 있으면 새로



강권(고후 5:14) : 내키지 아니한 것을 억지로 권함 단어풀이

운 피조물이라 이전 것은 지나갔으니 보라 새
것이 되었도다
18 모든 것이 하나님께로서 났으며 그가 그리스도
로 말미암아 우리를 자기와 화목하게 하시고
또 우리에게 화목하게 하는 직분을 주셨으니
19 곧 하나님께서 그리스도 안에 계시사 세상을
자기와 화목하게 하시며 그들의 죄를 그들에
게 돌리지 아니하시고 화목하게 하는 말씀을
우리에게 부탁하셨느니라
20 그러므로 우리가 그리스도를 대신하여 사신
이 되어 하나님이 우리를 통하여 너희를 권면
하시는 것 같이 그리스도를 대신하여 간청하
노니 너희는 하나님과 화목하라
21 하나님이 죄를 알지도 못하신 이를 우리를 대
신하여 죄로 삼으신 것은 우리로 하여금 그 안
에서 하나님의 의가 되게 하려 하심이라

단어풀이 간청(고후 5:20) : 간절히 청함

년 월 일 요일

# 6

1 우리가 하나님과 함께 일하는 자로서
너희를 권하노니 하나님의 은혜를 헛
되이 받지 말라
2 이르시되 내가 은혜 베풀 때에 너에게 듣고
구원의 날에 너를 도왔다 하셨으니 보라 지금
은 은혜 받을 만한 때요 보라 지금은 구원의
날이로다
3 우리가 이 직분이 비방을 받지 않게 하려고
무엇에든지 아무에게도 거리끼지 않게 하고
4 오직 모든 일에 하나님의 일꾼으로 자천하여
많이 견디는 것과 환난과 궁핍과 고난과
5 매 맞음과 갇힘과 난동과 수고로움과 자지 못
함과 먹지 못함 가운데서도
6 깨끗함과 지식과 오래 참음과 자비함과 성령
의 감화와 거짓이 없는 사랑과
7 진리의 말씀과 하나님의 능력으로 의의 무기
를 좌우에 가지고

난동(고후 6:5) : 질서를 어지럽히며 마구 행동함 | 감화(고후 6:6) : 도우심 단어풀이

8 영광과 욕됨으로 그러했으며 악한 이름과 아
름다운 이름으로 그러했느니라 우리는 속이
는 자 같으나 참되고
9 무명한 자 같으나 유명한 자요 죽은 자 같으나
보라 우리가 살아 있고 징계를 받는 자 같으나
죽임을 당하지 아니하고
10 근심하는 자 같으나 항상 기뻐하고 가난한 자
같으나 많은 사람을 부요하게 하고 아무 것도
없는 자 같으나 모든 것을 가진 자로다
11 고린도인들이여 너희를 향하여 우리의 입이
열리고 우리의 마음이 넓어졌으니
12 너희가 우리 안에서 좁아진 것이 아니라 오직
너희 심정에서 좁아진 것이니라
13 내가 자녀에게 말하듯 하노니 보답하는 것으
로 너희도 마음을 넓히라

**[우리는 살아 계신 하나님의 성전]**

14 너희는 믿지 않는 자와 멍에를 함께 메지 말

단어풀이 심정(고후 6:12) : 사람의 내면으로부터 일어나는 감정이나 심리

라 의와 불법이 어찌 함께 하며 빛과 어둠이
어찌 사귀며
15 그리스도와 벨리알이 어찌 조화되며 믿는 자
와 믿지 않는 자가 어찌 상관하며
16 하나님의 성전과 우상이 어찌 일치가 되리요
우리는 살아 계신 하나님의 성전이라 이와 같
이 하나님께서 이르시되 내가 그들 가운데 거
하며 두루 행하여 나는 그들의 하나님이 되고
그들은 나의 백성이 되리라
17 그러므로 너희는 그들 중에서 나와서 따로 있
고 부정한 것을 만지지 말라 내가 너희를 영
접하여
18 너희에게 아버지가 되고 너희는 내게 자녀가
되리라 전능하신 주의 말씀이니라 하셨느니라

7

1 그런즉 사랑하는 자들아 이 약속을 가
진 우리는 하나님을 두려워하는 가운



벨리알(고후 6:15) : 악마의 이름 단어풀이

데서 거룩함을 온전히 이루어 육과 영의 온갖
더러운 것에서 자신을 깨끗하게 하자

**[고린도 교회의 회개를 기뻐하다]**

2 마음으로 우리를 영접하라 우리는 아무에게도
불의를 행하지 않고 아무에게도 해롭게 하지
않고 아무에게서도 속여 빼앗은 일이 없노라
3 내가 이 말을 하는 것은 너희를 정죄하려고 하
는 것이 아니라 내가 이전에 말하였거니와 너
희가 우리 마음에 있어 함께 죽고 함께 살게
하고자 함이라
4 나는 너희를 향하여 담대한 것도 많고 너희를
위하여 자랑하는 것도 많으니 내가 우리의 모
든 환난 가운데서도 위로가 가득하고 기쁨이
넘치는도다
5 우리가 마게도냐에 이르렀을 때에도 우리 육체
가 편하지 못하였고 사방으로 환난을 당하여
밖으로는 다툼이요 안으로는 두려움이었노라

년 월 일 요일

6 그러나 낙심한 자들을 위로하시는 하나님이
디도가 옴으로 우리를 위로하셨으니
7 그가 온 것뿐 아니요 오직 그가 너희에게서
받은 그 위로로 위로하고 너희의 사모함과 애
통함과 나를 위하여 열심 있는 것을 우리에게
보고함으로 나를 더욱 기쁘게 하였느니라
8 그러므로 내가 편지로 너희를 근심하게 한 것
을 후회하였으나 지금은 후회하지 아니함은
그 편지가 너희로 잠시만 근심하게 한 줄을
앎이라
9 내가 지금 기뻐함은 너희로 근심하게 한 까
닭이 아니요 도리어 너희가 근심함으로 회개
함에 이른 까닭이라 너희가 하나님의 뜻대로
근심하게 된 것은 우리에게서 아무 해도 받지
않게 하려 함이라
10 하나님의 뜻대로 하는 근심은 후회할 것이 없
는 구원에 이르게 하는 회개를 이루는 것이요

세상 근심은 사망을 이루는 것이니라
11 보라 하나님의 뜻대로 하게 된 이 근심이 너희
로 얼마나 간절하게 하며 얼마나 변증하게 하
며 얼마나 분하게 하며 얼마나 두렵게 하며 얼
마나 사모하게 하며 얼마나 열심 있게 하며 얼
마나 벌하게 하였는가 너희가 그 일에 대하여
일체 너희 자신의 깨끗함을 나타내었느니라
12 그런즉 내가 너희에게 쓴 것은 그 불의를 행
한 자를 위한 것도 아니요 그 불의를 당한 자
를 위한 것도 아니요 오직 우리를 위한 너희
의 간절함이 하나님 앞에서 너희에게 나타나
게 하려 함이로라
13 이로 말미암아 우리가 위로를 받았고 우리가
받은 위로 위에 디도의 기쁨으로 우리가 더욱
많이 기뻐함은 그의 마음이 너희 무리로 말미
암아 안심함을 얻었음이라
14 내가 그에게 너희를 위하여 자랑한 것이 있더

단어풀이 변증(고후 7:11) : 변론으로써 증명함(변호)

라도 부끄럽지 아니하니 우리가 너희에게 이
른 말이 다 참된 것 같이 디도 앞에서 우리가
자랑한 것도 참되게 되었도다
15 그가 너희 모든 사람들이 두려움과 떪으로 자
기를 영접하여 순종한 것을 생각하고 너희를
향하여 그의 심정이 더욱 깊었으니
16 내가 범사에 너희를 신뢰하게 된 것을 기뻐하
노라

8 [풍성한 연보]

1 형제들아 하나님께서 마게도냐 교회들
에게 주신 은혜를 우리가 너희에게 알리노니
2 환난의 많은 시련 가운데서 그들의 넘치는 기
쁨과 극심한 가난이 그들의 풍성한 연보를 넘
치도록 하게 하였느니라
3 내가 증언하노니 그들이 힘대로 할 뿐 아니라
힘에 지나도록 자원하여

4 이 은혜와 성도 섬기는 일에 참여함에 대하여
우리에게 간절히 구하니
5 우리가 바라던 것뿐 아니라 그들이 먼저 자신
을 주께 드리고 또 하나님의 뜻을 따라 우리
에게 주었도다
6 그러므로 우리가 디도를 권하여 그가 이미 너
희 가운데서 시작하였은즉 이 은혜를 그대로
성취하게 하라 하였노라
7 오직 너희는 믿음과 말과 지식과 모든 간절함
과 우리를 사랑하는 이 모든 일에 풍성한 것
같이 이 은혜에도 풍성하게 할지니라
8 내가 명령으로 하는 말이 아니요 오직 다른 이
들의 간절함을 가지고 너희의 사랑의 진실함
을 증명하고자 함이로라
9 우리 주 예수 그리스도의 은혜를 너희가 알거
니와 부요하신 이로서 너희를 위하여 가난하
게 되심은 그의 가난함으로 말미암아 너희를

년 월 일 요일

부요하게 하려 하심이라
10 이 일에 관하여 나의 뜻을 알리노니 이 일은 너
희에게 유익함이라 너희가 일 년 전에 행하기
를 먼저 시작할 뿐 아니라 원하기도 하였은즉
11 이제는 하던 일을 성취할지니 마음에 원하던
것과 같이 완성하되 있는 대로 하라
12 할 마음만 있으면 있는 대로 받으실 터이요
없는 것은 받지 아니하시리라
13 이는 다른 사람들은 평안하게 하고 너희는 곤
고하게 하려는 것이 아니요 균등하게 하려 함
이니
14 이제 너희의 넉넉한 것으로 그들의 부족한 것을
보충함은 후에 그들의 넉넉한 것으로 너희의 부
족한 것을 보충하여 균등하게 하려 함이라
15 기록된 것 같이 많이 거둔 자도 남지 아니하였
고 적게 거둔 자도 모자라지 아니하였느니라



균등(고후 8:13) : 어느 한쪽으로 더하거나 덜함이 없이 고르고 가지런함 단어풀이

[디도와 그의 동역자]

16 너희를 위하여 같은 간절함을 디도의 마음에
도 주시는 하나님께 감사하노니
17 그가 권함을 받고 더욱 간절함으로 자원하여
너희에게 나아갔고
18 또 그와 함께 그 형제를 보내었으니 이 사람은
복음으로써 모든 교회에서 칭찬을 받는 자요
19 이뿐 아니라 그는 동일한 주의 영광과 우리의 원
을 나타내기 위하여 여러 교회의 택함을 받아 우
리가 맡은 은혜의 일로 우리와 동행하는 자라
20 이것을 조심함은 우리가 맡은 이 거액의 연보
에 대하여 아무도 우리를 비방하지 못하게 하
려 함이니
21 이는 우리가 주 앞에서뿐 아니라 사람 앞에서
도 선한 일에 조심하려 함이라
22 또 그들과 함께 우리의 한 형제를 보내었노니
우리는 그가 여러 가지 일에 간절한 것을 여러

번 확인하였거니와 이제 그가 너희를 크게 믿
으므로 더욱 간절하니라
23 디도로 말하면 나의 동료요 너희를 위한 나의
동역자요 우리 형제들로 말하면 여러 교회의
사자들이요 그리스도의 영광이니라
24 그러므로 너희는 여러 교회 앞에서 너희의 사
랑과 너희에 대한 우리 자랑의 증거를 그들에
게 보이라

# 9

**[가난한 성도를 섬기는 연보]**

1 성도를 섬기는 일에 대하여는 내가 너
희에게 쓸 필요가 없나니
2 이는 내가 너희의 원함을 앎이라 내가 너희를
위하여 마게도냐인들에게 아가야에서는 일
년 전부터 준비하였다는 것을 자랑하였는데
과연 너희의 열심이 퍽 많은 사람들을 분발하
게 하였느니라



분발(고후 9:2) : 마음을 돋우어 기운을 냄 단어풀이

년 월 일 요일

3 그런데 이 형제들을 보낸 것은 이 일에 너희를
위한 우리의 자랑이 헛되지 않고 내가 말한 것
같이 준비하게 하려 함이라
4 혹 마게도냐인들이 나와 함께 가서 너희가 준
비하지 아니한 것을 보면 너희는 고사하고 우
리가 이 믿던 것에 부끄러움을 당할까 두려워
하노라
5 그러므로 내가 이 형제들로 먼저 너희에게 가
서 너희가 전에 약속한 연보를 미리 준비하게
하도록 권면하는 것이 필요한 줄 생각하였노
니 이렇게 준비하여야 참 연보답고 억지가 아
니니라
6 이것이 곧 적게 심는 자는 적게 거두고 많이
심는 자는 많이 거둔다 하는 말이로다
7 각각 그 마음에 정한 대로 할 것이요 인색함으
로나 억지로 하지 말지니 하나님은 즐겨 내는
자를 사랑하시느니라

단어풀이 고사하고(고후 9:4) : 말할 것도 없고 | 인색함(고후 9:7) : 재물을 아끼는 태도가 몹시 지나침

8 하나님이 능히 모든 은혜를 너희에게 넘치게
하시나니 이는 너희로 모든 일에 항상 모든
것이 넉넉하여 모든 착한 일을 넘치게 하게
하려 하심이라
9 기록된 바 그가 흩어 가난한 자들에게 주었으니
그의 의가 영원토록 있느니라 함과 같으니라
10 심는 자에게 씨와 먹을 양식을 주시는 이가
너희 심을 것을 주사 풍성하게 하시고 너희
의의 열매를 더하게 하시리니
11 너희가 모든 일에 넉넉하여 너그럽게 연보를
함은 그들이 우리로 말미암아 하나님께 감사
하게 하는 것이라
12 이 봉사의 직무가 성도들의 부족한 것을 보충
할 뿐 아니라 사람들이 하나님께 드리는 많은
감사로 말미암아 넘쳤느니라
13 이 직무로 증거를 삼아 너희가 그리스도의 복
음을 진실히 믿고 복종하는 것과 그들과 모든

사람을 섬기는 너희의 후한 연보로 말미암아
하나님께 영광을 돌리고
14 또 그들이 너희를 위하여 간구하며 하나님이
너희에게 주신 지극한 은혜로 말미암아 너희
를 사모하느니라
15 말할 수 없는 그의 은사로 말미암아 하나님께
감사하노라

# 10

## [바울이 자기의 사도직을 변호하다]

1 너희를 대면하면 유순하고 떠나 있
으면 너희에 대하여 담대한 나 바울은 이제 그
리스도의 온유와 관용으로 친히 너희를 권하고
2 또한 우리를 육신에 따라 행하는 자로 여기는
자들에 대하여 내가 담대히 대하는 것 같이 너
희와 함께 있을 때에 나로 하여금 이 담대한
태도로 대하지 않게 하기를 구하노라
3 우리가 육신으로 행하나 육신에 따라 싸우지

단어풀이 대면(고후 10:1) : 서로 얼굴을 마주 보고 대함

아니하노니
4 우리의 싸우는 무기는 육신에 속한 것이 아니
요 오직 어떤 견고한 진도 무너뜨리는 하나님
의 능력이라 모든 이론을 무너뜨리며
5 하나님 아는 것을 대적하여 높아진 것을 다
무너뜨리고 모든 생각을 사로잡아 그리스도
에게 복종하게 하니
6 너희의 복종이 온전하게 될 때에 모든 복종하
지 않는 것을 벌하려고 준비하는 중에 있노라
7 너희는 외모만 보는도다 만일 사람이 자기가
그리스도에게 속한 줄을 믿을진대 자기가 그
리스도에게 속한 것 같이 우리도 그러한 줄을
자기 속으로 다시 생각할 것이라
8 주께서 주신 권세는 너희를 무너뜨리려고 하
신 것이 아니요 세우려고 하신 것이니 내가
이에 대하여 지나치게 자랑하여도 부끄럽지
아니하리라

9 이는 내가 편지들로 너희를 놀라게 하려는 것
같이 생각하지 않게 함이라
10 그들의 말이 그의 편지들은 무게가 있고 힘이
있으나 그가 몸으로 대할 때는 약하고 그 말도
시원하지 않다 하니
11 이런 사람은 우리가 떠나 있을 때에 편지들로
말하는 것과 함께 있을 때에 행하는 일이 같은
것임을 알지라
12 우리는 자기를 칭찬하는 어떤 자와 더불어 감
히 짝하며 비교할 수 없노라 그러나 그들이 자
기로써 자기를 헤아리고 자기로써 자기를 비
교하니 지혜가 없도다
13 그러나 우리는 분수 이상의 자랑을 하지 않고
오직 하나님이 우리에게 나누어 주신 그 범위
의 한계를 따라 하노니 곧 너희에게까지 이른
것이라
14 우리가 너희에게 미치지 못할 자로서 스스로

지나쳐 나아간 것이 아니요 그리스도의 복음
으로 너희에게까지 이른 것이라
15 우리는 남의 수고를 가지고 분수 이상의 자랑
을 하는 것이 아니라 오직 너희 믿음이 자랄
수록 우리의 규범을 따라 너희 가운데서 더욱
풍성하여지기를 바라노라
16 이는 남의 규범으로 이루어 놓은 것으로 자랑
하지 아니하고 너희 지역을 넘어 복음을 전하
려 함이라
17 자랑하는 자는 주 안에서 자랑할지니라
18 옳다 인정함을 받는 자는 자기를 칭찬하는 자
가 아니요 오직 주께서 칭찬하시는 자니라

# 11

### [바울과 거짓 사도들]

1 원하건대 너희는 나의 좀 어리석은
것을 용납하라 청하건대 나를 용납하라
2 내가 하나님의 열심으로 너희를 위하여 열심



분수(고후 10:15) : 자기 신분이나 처지에 알맞은 한도 단어풀이

을 내노니 내가 너희를 정결한 처녀로 한 남
편인 그리스도께 드리려고 중매함이로다 그
러나 나는
3 뱀이 그 간계로 하와를 미혹한 것 같이 너희
마음이 그리스도를 향하는 진실함과 깨끗함
에서 떠나 부패할까 두려워하노라
4 만일 누가 가서 우리가 전파하지 아니한 다른
예수를 전파하거나 혹은 너희가 받지 아니한
다른 영을 받게 하거나 혹은 너희가 받지 아니
한 다른 복음을 받게 할 때에는 너희가 잘 용
납하는구나
5 나는 지극히 크다는 사도들보다 부족한 것이
조금도 없는 줄로 생각하노라
6 내가 비록 말에는 부족하나 지식에는 그렇지
아니하니 이것을 우리가 모든 사람 가운데서
모든 일로 너희에게 나타내었노라
7 내가 너희를 높이려고 나를 낮추어 하나님의

년 월 일 요일

복음을 값없이 너희에게 전함으로 죄를 지었
느냐
8 내가 너희를 섬기기 위하여 다른 여러 교회에
서 비용을 받은 것은 탈취한 것이라
9 또 내가 너희와 함께 있을 때 비용이 부족하
였으되 아무에게도 누를 끼치지 아니하였음
은 마게도냐에서 온 형제들이 나의 부족한 것
을 보충하였음이라 내가 모든 일에 너희에게
폐를 끼치지 않기 위하여 스스로 조심하였고
또 조심하리라
10 그리스도의 진리가 내 속에 있으니 아가야 지
방에서 나의 이 자랑이 막히지 아니하리라
11 어떠한 까닭이냐 내가 너희를 사랑하지 아니
함이냐 하나님이 아시느니라
12 나는 내가 해 온 그대로 앞으로도 하리니 기회
를 찾는 자들이 그 자랑하는 일로 우리와 같
이 인정 받으려는 그 기회를 끊으려 함이라



탈취(고후 11:8) : 남의 돈이나 물건 따위를 강제로 빼앗아 가짐 단어풀이

13 그런 사람들은 거짓 사도요 속이는 일꾼이니 자
기를 그리스도의 사도로 가장하는 자들이니라
14 이것은 이상한 일이 아니니라 사탄도 자기를
광명의 천사로 가장하나니
15 그러므로 사탄의 일꾼들도 자기를 의의 일꾼
으로 가장하는 것이 또한 대단한 일이 아니니
라 그들의 마지막은 그 행위대로 되리라

**[바울의 참된 자랑]**

16 내가 다시 말하노니 누구든지 나를 어리석은
자로 여기지 말라 만일 그러하더라도 내가 조
금 자랑할 수 있도록 어리석은 자로 받으라
17 내가 말하는 것은 주를 따라 하는 말이 아니요
오직 어리석은 자와 같이 기탄 없이 자랑하노라
18 여러 사람이 육신을 따라 자랑하니 나도 자랑
하겠노라
19 너희는 지혜로운 자로서 어리석은 자들을 기
쁘게 용납하는구나

단어풀이 기탄(고후 11:17) : 어렵게 여겨 꺼림

20 누가 너희를 종으로 삼거나 잡아먹거나 빼앗
거나 스스로 높이거나 뺨을 칠지라도 너희가
용납하는도다
21 나는 우리가 약한 것 같이 욕되게 말하노라
그러나 누가 무슨 일에 담대하면 어리석은 말
이나마 나도 담대하리라
22 그들이 히브리인이냐 나도 그러하며 그들이
이스라엘인이냐 나도 그러하며 그들이 아브
라함의 후손이냐 나도 그러하며
23 그들이 그리스도의 일꾼이냐 정신 없는 말을
하거니와 나는 더욱 그러하도다 내가 수고를
넘치도록 하고 옥에 갇히기도 더 많이 하고
매도 수없이 맞고 여러 번 죽을 뻔하였으니
24 유대인들에게 사십에서 하나 감한 매를 다섯
번 맞았으며
25 세 번 태장으로 맞고 한 번 돌로 맞고 세 번 파
선하고 일 주야를 깊은 바다에서 지냈으며



태장(고후 11:25) : 채찍으로 만든 기구 단어풀이

26 여러 번 여행하면서 강의 위험과 강도의 위험
과 동족의 위험과 이방인의 위험과 시내의 위
험과 광야의 위험과 바다의 위험과 거짓 형제
중의 위험을 당하고
27 또 수고하며 애쓰고 여러 번 자지 못하고 주리
며 목마르고 여러 번 굶고 춥고 헐벗었노라
28 이 외의 일은 고사하고 아직도 날마다 내 속에
눌리는 일이 있으니 곧 모든 교회를 위하여 염
려하는 것이라
29 누가 약하면 내가 약하지 아니하며 누가 실족
하게 되면 내가 애타지 아니하더냐
30 내가 부득불 자랑할진대 내가 약한 것을 자랑
하리라
31 주 예수의 아버지 영원히 찬송할 하나님이 내
가 거짓말 아니하는 것을 아시느니라
32 다메섹에서 아레다 왕의 고관이 나를 잡으려
고 다메섹 성을 지켰으나

년 월 일 요일

33 나는 광주리를 타고 들창문으로 성벽을 내려
가 그 손에서 벗어났노라

# 12

**[주께서 보여 주신 환상과 계시]**

1 무익하나마 내가 부득불 자랑하노
니 주의 환상과 계시를 말하리라
2 내가 그리스도 안에 있는 한 사람을 아노니
그는 십사 년 전에 셋째 하늘에 이끌려 간 자
라(그가 몸 안에 있었는지 몸 밖에 있었는지
나는 모르거니와 하나님은 아시느니라)
3 내가 이런 사람을 아노니(그가 몸 안에 있었
는지 몸 밖에 있었는지 나는 모르거니와 하나
님은 아시느니라)
4 그가 낙원으로 이끌려 가서 말로 표현할 수
없는 말을 들었으니 사람이 가히 이르지 못할
말이로다
5 내가 이런 사람을 위하여 자랑하겠으나 나를 위

하여는 약한 것들 외에 자랑하지 아니하리라
6 내가 만일 자랑하고자 하여도 어리석은 자가
되지 아니할 것은 내가 참말을 함이라 그러나
누가 나를 보는 바와 내게 듣는 바에 지나치게
생각할까 두려워하여 그만두노라
7 여러 계시를 받은 것이 지극히 크므로 너무 자
만하지 않게 하시려고 내 육체에 가시 곧 사탄
의 사자를 주셨으니 이는 나를 쳐서 너무 자만
하지 않게 하려 하심이라
8 이것이 내게서 떠나가게 하기 위하여 내가 세
번 주께 간구하였더니
9 나에게 이르시기를 내 은혜가 네게 족하도다
이는 내 능력이 약한 데서 온전하여짐이라 하
신지라 그러므로 도리어 크게 기뻐함으로 나
의 여러 약한 것들에 대하여 자랑하리니 이는
그리스도의 능력이 내게 머물게 하려 함이라
10 그러므로 내가 그리스도를 위하여 약한 것들

단어풀이 자만(고후 12:7) : 스스로 우쭐거리며 뽐냄

과 능욕과 궁핍과 박해와 곤고를 기뻐하노니
이는 내가 약한 그 때에 강함이라

[고린도 교회의 일을 염려하다]

11 내가 어리석은 자가 되었으나 너희가 억지로
시킨 것이니 나는 너희에게 칭찬을 받아야 마
땅하도다 내가 아무 것도 아니나 지극히 크다
는 사도들보다 조금도 부족하지 아니하니라
12 사도의 표가 된 것은 내가 너희 가운데서 모든
참음과 표적과 기사와 능력을 행한 것이라
13 내 자신이 너희에게 폐를 끼치지 아니한 일
밖에 다른 교회보다 부족하게 한 것이 무엇
이 있느냐 너희는 나의 이 공평하지 못한 것
을 용서하라
14 보라 내가 이제 세 번째 너희에게 가기를 준
비하였으나 너희에게 폐를 끼치지 아니하리
라 내가 구하는 것은 너희의 재물이 아니요
오직 너희니라 어린 아이가 부모를 위하여 재

물을 저축하는 것이 아니요 부모가 어린 아이
를 위하여 하느니라
15 내가 너희 영혼을 위하여 크게 기뻐하므로 재
물을 사용하고 또 내 자신까지도 내어 주리니
너희를 더욱 사랑할수록 나는 사랑을 덜 받겠
느냐
16 하여간 어떤 이의 말이 내가 너희에게 짐을 지
우지는 아니하였을지라도 교활한 자가 되어
너희를 속임수로 취하였다 하니
17 내가 너희에게 보낸 자 중에 누구로 너희의 이
득을 취하더냐
18 내가 디도를 권하고 함께 한 형제를 보내었으
니 디도가 너희의 이득을 취하더냐 우리가 동
일한 성령으로 행하지 아니하더냐 동일한 보
조로 하지 아니하더냐
19 너희는 이 때까지 우리가 자기 변명을 하는 줄
로 생각하는구나 우리는 그리스도 안에서 하

단어풀이 동일한 보조(고후 12:18) : 같은 방식 또는 같은 길

나님 앞에 말하노라 사랑하는 자들아 이 모든
것은 너희의 덕을 세우기 위함이니라
20 내가 갈 때에 너희를 내가 원하는 것과 같이
보지 못하고 또 내가 너희에게 너희가 원하지
않는 것과 같이 보일까 두려워하며 또 다툼과
시기와 분냄과 당 짓는 것과 비방과 수군거림
과 거만함과 혼란이 있을까 두려워하고
21 또 내가 다시 갈 때에 내 하나님이 나를 너희
앞에서 낮추실까 두려워하고 또 내가 전에 죄
를 지은 여러 사람의 그 행한 바 더러움과 음
란함과 호색함을 회개하지 아니함 때문에 슬
퍼할까 두려워하노라

# 13

## [권면과 끝 인사]

1 내가 이제 세 번째 너희에게 가리니
두세 증인의 입으로 말마다 확정하리라
2 내가 이미 말하였거니와 지금 떠나 있으나 두

번째 대면하였을 때와 같이 전에 죄 지은 자들
과 그 남은 모든 사람에게 미리 말하노니 내가
다시 가면 용서하지 아니하리라
3 이는 그리스도께서 내 안에서 말씀하시는 증
거를 너희가 구함이니 그는 너희에게 대하여
약하지 않고 도리어 너희 안에서 강하시니라
4 그리스도께서 약하심으로 십자가에 못 박히
셨으나 하나님의 능력으로 살아 계시니 우리
도 그 안에서 약하나 너희에게 대하여 하나님
의 능력으로 그와 함께 살리라
5 너희는 믿음 안에 있는가 너희 자신을 시험하
고 너희 자신을 확증하라 예수 그리스도께서
너희 안에 계신 줄을 너희가 스스로 알지 못하
느냐 그렇지 않으면 너희는 버림 받은 자니라
6 우리가 버림 받은 자 되지 아니한 것을 너희가
알기를 내가 바라고
7 우리가 하나님께서 너희로 악을 조금도 행하

년 월 일 요일

지 않게 하시기를 구하노니 이는 우리가 옳은
자임을 나타내고자 함이 아니라 오직 우리는
버림 받은 자 같을지라도 너희는 선을 행하게
하고자 함이라
8 우리는 진리를 거슬러 아무 것도 할 수 없고
오직 진리를 위할 뿐이니
9 우리가 약할 때에 너희가 강한 것을 기뻐하고
또 이것을 위하여 구하니 곧 너희가 온전하게
되는 것이라
10 그러므로 내가 떠나 있을 때에 이렇게 쓰는
것은 대면할 때에 주께서 너희를 넘어뜨리려
하지 않고 세우려 하여 내게 주신 그 권한을
따라 엄하지 않게 하려 함이라
11 마지막으로 말하노니 형제들아 기뻐하라 온
전하게 되며 위로를 받으며 마음을 같이하며
평안할지어다 또 사랑과 평강의 하나님이 너
희와 함께 계시리라 거룩하게 입맞춤으로 서

온전하게(고후 13:9) : 잘못된 것이 없이 바르거나 옳다 단어풀이

로 문안하라
12 모든 성도가 너희에게 문안하느니라
13 주 예수 그리스도의 은혜와 하나님의 사랑과
성령의 교통하심이 너희 무리와 함께 있을지
어다

**온가족**
**바울서신 따라쓰기(1권)**

초판 1쇄 : 2020년 11월 12일
발 행 인 : 황경자
발 행 처 : 도서출판 두돌비
등록번호 : 5-485호
주 소 : 서울시 중랑구 동일로 107길 12
전 화 : (02) 964-6993 | 팩스 : (02) 2208-0153
Homepage : www.153books.co.kr
E-mail : 153books@hanmail.net

ISBN 978-89-85583-72-5